JOURNAL D'UN CURÉ DE PARIS

Les ouvrages du même auteur sont répertoriés en fin d'ouvrage.

Mgr Patrick Chauvet

Journal d'un curé de Paris

Fayard

La collection « Choses vues » est dirigée par
Nicolas Diat.

Couverture : Le Petit Atelier
Illustration de couverture : Mgr Chauvet © Hans Lucas/
Benjamin Girette

ISBN : 978-2-213-73134-6
Dépôt légal : avril 2025.

Avant-propos

Étonnant désir qui nous fait regarder notre passé comme pour le faire renaître ! Il nous arrive de retrouver des photos qui soulignent parfois avec férocité le temps qui passe et ses stigmates sur nos visages. Mais c'est ainsi, « on ne se baigne jamais deux fois dans le même fleuve », disait Héraclite[1].

Alors, pourquoi un tel désir ? Peut-être s'agit-il comme chez Marcel Proust de partir à la recherche d'un temps perdu et que l'on essaye de retrouver ?

Certains écrivent leurs Mémoires, comme pour venir au secours de leurs souvenirs défaillants.

D'autres se risquent à des confessions intimes, qui peuvent être des thérapies moins onéreuses que chez le psychanalyste, mais n'est-ce pas l'affaire du Bon Dieu ?

Je suis conscient qu'un simple récit des faits qui refont surface n'intéresse que l'auteur, et que tous les événements vécus ne marqueront pas l'histoire de la France.

Est-ce l'expression d'une nostalgie ? Sûrement pas ! Une action de grâce ? Sûrement ! Mais peut-être aussi une démarche nécessaire pour comprendre ce que nous sommes en train de vivre. En effet, ne faut-il pas interroger le passé pour aller de l'avant ? On ne construit pas à partir du néant, à la différence de Dieu.

Hans Urs von Balthazar, grand théologien du XXe siècle, aimait dire qu'être fidèle à la tradition ce n'est pas répéter et transmettre littéralement des thèses de théologie, c'est bien plutôt imiter de nos Pères dans la foi l'attitude de réflexion intime et l'effort de création audacieuse, préludes nécessaires à la véritable fidélité spirituelle. Il faisait écho à saint Irénée de Lyon, Père du IIe siècle : pour voir clair aujourd'hui, il faut interroger la tradition qui vient des apôtres.

Quelle belle actualité ! C'est vrai pour l'Église, mais aussi pour l'éducation, les bouleversements de la société, etc.

Je chéris mon passé, parce que j'ai eu la grâce de vivre dans un pays en paix. J'ai traversé les « Trente Glorieuses », où tout semblait facile. Oh, en réalité cela ne l'était pas toujours, mais c'est la vie !

N'ayez crainte, ce livre n'est pas celui d'un ancien combattant qui retracerait ses exploits militaires, car je n'ai ni fait mon service militaire – la grâce du baby-boom – ni combattu pour la France.

Si j'évoque ce passé, c'est pour essayer de comprendre la rupture que nous avons connue, et peut-être garder en notre mémoire ce qui aujourd'hui peut encore nous construire.

Laissons-nous enchanter par ce qui nous a faits, pour nous rendre compte que ce que nous vivons aujourd'hui est tout aussi enchanteur, à condition de ne pas être envahi par une sorte de spleen.

Prêtre depuis quarante-quatre ans, j'ai essayé d'être aux rendez-vous de l'histoire et surtout de l'Église. Que de changements, que de bouleversements… Et quel avenir ?

Je prendrai le temps d'évoquer mon diocèse, celui de Paris, qui est ma famille.

J'ai choisi non pas de suivre la chronologie trop fastidieuse, mais bien plutôt différentes thématiques qui peuvent rejoindre ce que mes lecteurs ont vécu ou sont en train de vivre.

Ces maîtres qui m'ont formé

Comment oublier ces années merveilleuses dans ce grand collège de Neuilly, Notre-Dame-de-Sainte-Croix ?

Nous commencions nos premières années au « petit collège » ; c'est là que nous apprenions à lire et à compter. Les calculettes n'existaient pas. L'encrier, qui avait sa place sur nos bureaux et que nous devions entretenir, n'était pas encore remplacé par le Bic. La plume crissait sur les feuilles blanches de nos cahiers, traçant les pleins et les déliés, et parfois des pâtés. Comme nous le dirions aujourd'hui, les « fondamentaux » constituaient le programme du primaire.

L'uniforme était notre tablier gris dont nous devions prendre soin. Nous le portions dans la cour de récréation. Nous étions loin des

« marques » et plus attachés à notre cartable et à la trousse. Nous n'étions pas des anges ! On aimait se cacher derrière nos pupitres pour faire les singes !

Il nous arrivait de descendre sur la rampe de l'escalier, mais le directeur nous attendait et la punition tombait. Je crois que je pourrais citer les noms de tous mes maîtres et maîtresses… Le mot « institutrice » n'existait pas. Les maîtres forment des disciples, et c'est pourquoi nous avions du respect; leur autorité était quasi naturelle, même si nous testions au début de l'année leur réactivité à nos petits chahuts. Certains jouissaient d'une réputation qui nous obligeait à nous tenir à carreau.

Pas de nouveauté sous le soleil : un professeur passionné et passionnant, autoritaire et juste, tient sa classe, même en zone prioritaire ! Mais il est vrai que Neuilly n'est pas un milieu difficile… Nous étions loin de la drogue, des réseaux sociaux, des téléphones portables. Dans la cour, on jouait à cache-cache, parfois à la guerre mais sans armes, à colin-maillard, aux mousquetaires… Tout cela dépendait de nos lectures et non de vidéos qui n'existaient pas encore.

Protégés ? Oui, c'est une évidence. Bon nombre d'entre nous n'avaient pas de télévision et cela ne leur manquait pas. Nous avions des disques qui nous faisaient rêver… Babar, mais aussi les récits bibliques où nous nous prenions pour David face à Goliath[1].

La chapelle était au cœur de l'établissement. C'est là que j'ai fait ma première communion et où le Seigneur m'a appelé à Le suivre. Le fond du chœur représentait la Vierge Marie avec son grand manteau qui enveloppait des enfants. Distrait pendant la messe célébrée en latin, je me cherchais parmi ces têtes enfantines, désirant être proche de Marie et sous sa protection… Il faut avoir de l'audace dans nos désirs spirituels ! C'est la source de ma piété mariale.

Mais n'allez pas croire que nous passions notre temps à la chapelle ; il y avait des visites au saint sacrement, des messes matinales, car nos aumôniers ne célébraient pas tout seuls ; nous devions leur répondre !

Le bâtiment où régnait une odeur étonnante de vieux bois poussiéreux était peu confortable, mais nous étions là pour apprendre, non pour nous détendre.

Certains maîtres aimaient se servir de la règle pour nous punir ; il n'était pas question de nous plaindre ni d'accuser le maître qui, par définition, avait toujours raison. Cependant je ne suis pas sûr que la peur fasse grandir notre liberté.

Tout cela paraît quelque peu suranné, mais ce dont je suis sûr, c'est que nous étions heureux et que le jeudi après-midi, nous allions à l'école pour le patronage !

Que retenir de ces belles années de primaire ? Ce fut l'apprentissage d'une discipline de vie. Ne nous trompons pas sur le sens de la discipline. Les maîtres ont tout fait pour former des disciples.

La discipline désigne la relation du disciple au maître. Elle comporte non seulement une communication du savoir, mais aussi une formation de l'intelligence et de la volonté. On ne tutoyait pas nos enseignants ; en revanche leur autorité était au service de notre croissance, en faisant appel à nos dispositions naturelles, à notre sens spontané du vrai et du bien, sans oublier la formation de nos consciences.

Nos éducateurs nous ont fait comprendre que la finalité de la discipline, de la loi, des règles imposées, n'est nullement de brimer notre liberté, mais plutôt de l'aider à grandir. Pas un laisser-faire, mais encore moins un dressage ! C'était la clef de notre bonheur.

Naturellement nous n'étions pas des saints ! Loin de là ! Pourtant la loi nous structurait et, même s'il nous arrivait de râler, nous obéissions. Nous avions confiance en nos éducateurs, comme en nos aumôniers. Heureux temps où chaque préfet, responsable d'un niveau, était un prêtre. Le catéchisme nous apprenait les commandements de Dieu qui « énoncent les requêtes de l'amour de Dieu et du prochain[2] ». Les prêtres nous faisaient comprendre eux aussi que l'obligation et l'interdit ne suppriment pas notre liberté. Que de fois ai-je entendu notre vocation au bonheur.

Curé de l'église de la Madeleine, je vis à côté d'une petite école. Comment ne pas s'émerveiller de tout le travail accompli par les instituteurs ? Comme le rappelle Marguerite Léna : « Instituer, c'est poser pour faire durer au-delà de soi. L'instituteur est celui qui pose les fondations[3]. »

Il est vrai que les « pédagogues » qui, pour bon nombre, ont déserté leur classe pour rejoindre les bureaux de l'Éducation nationale, ont bouleversé les méthodes de l'apprentissage de la lecture. Ce dont je suis sûr, c'est qu'aujourd'hui des enfants du CM2, autrefois la 7e, ne savent pas lire. Quel handicap pour l'avenir ! Faiblesse du vocabulaire : un éditeur, il y a plus de trente ans, me rappelait déjà qu'un jeune ne maîtrisait plus que cent cinquante mots, et que je devais rédiger un glossaire à la fin de mon livre sur les Pères de l'Église, rédigé à l'intention de la jeunesse.

Les instituteurs d'aujourd'hui sont aussi sérieux que ceux du passé, mais l'environnement est si différent ! Loin des tablettes, des téléphones portables, nous lisions des ouvrages qui nous faisaient rêver. Osons le dire aussi, les parents étaient présents pour suivre notre travail et nous encourager à la lecture.

Je remercie toutes celles et tous ceux qui se sont donnés sans compter pour construire ces fondations. Comme le dit le Seigneur, on ne construit pas sur le sable, mais sur le roc[4].

Le problème de la violence de nos jeunes trouve sa source en cette période essentielle pour la structuration de la personne.

Nous avons quitté le décor du film *Les Choristes*, les écoles aujourd'hui sont plus modernes, plus accueillantes, mieux équipées. Les enseignants sont tout aussi impliqués, même si les enfants sont plus agités et parfois réfractaires.

Je reste avec cette question : pourquoi nos jeunes ne savent-ils pas lire à la sortie du primaire ?

Heureusement, le collège poursuit le travail commencé dans les petites classes. Quelques souvenirs reviennent à ma mémoire : la fête de la gymnastique ! Étonnant, moi qui suis si peu sportif. Mais c'était un moment où toutes les classes se retrouvaient dans la grande cour décorée, sous la présidence du ministre des Sports. Le côté « cocorico » était chatouillé et nous nous prenions quelques instants pour des athlètes médaillés !

L'Esprit-Saint ne manque pas d'humour, puisque, à soixante-douze ans, je me trouve à la Madeleine, une des paroisses des Jeux olympiques. Une récapitulation ? Je ne sais ! Le cardinal Marty, en présence du pape Jean-Paul II, nous exhortait à être des sportifs de Dieu. Sportif ? Je n'ai gagné qu'une médaille de bronze à l'épée, et mes exploits se sont vite arrêtés. J'ai préféré la compétition spirituelle, où il n'y a ni premier, ni dernier ; il suffit d'aller jusqu'au bout !

Le temps du collège était consacré à l'ouverture au monde : visite du paquebot *France*, théâtre, musique, dessin. J'ai fait mon entrée à la manécanterie des petits chanteurs de Sainte-Croix. Quelle belle école ! Rigueur, écoute de son voisin, tournées pour de nombreux concerts, apprentissage de la vie communautaire, tout comme le scoutisme.

Chaque année, j'étais un des premiers à m'inscrire au club théâtre qui flattait mon côté « cabot ». Si le Bon Dieu ne m'avait pas cherché pour entrer au séminaire, je serais entré au Conservatoire, après mes études de lettres à la faculté de Nanterre.

Que de pièces jouées ! Celles de Molière, mais aussi Anouilh, Giraudoux, Marivaux, Ionesco, Courteline, et tant d'autres... Cabotin, je le suis resté, et j'ose croire que cela m'a aidé d'abord comme enseignant, puis comme prêtre !

Et c'est ainsi que nous avons traversé ce temps de l'adolescence ! L'âge ingrat était là, les chahuts aussi, mais l'autorité des enseignants, qui n'était pas remise en question par les parents, nous faisait grandir pour entrer dans « le grand collège », le lycée !

Ce temps de l'adolescence est celui de la formation de la liberté et de la personnalité. C'est le temps de l'idéal, des projets. Il y a deux formes d'idéal, celui orienté vers les idées et celui orienté vers les personnes. On nous apprenait à nous tourner vers les plus pauvres ; en quatrième, nous allions aider une paroisse de Bobigny. Mais nous assistions aussi aux Conférences Saint-Vincent-de-Paul !

La chorale, à l'approche de Noël, allait donner un concert dans les hôpitaux ou dans les maisons de retraite.

Personne ne râlait et on découvrait ainsi où se trouve la source de la joie, dans le don de soi-même.

C'est le temps du travail bien fait, et, croyez-moi, le collège était là pour nous le rappeler. Il nous arrivait parfois de revenir le samedi après-midi pour refaire tel exercice de mathématiques ou de géographie. Il n'y avait plus d'uniforme, mais nos professeurs ne tolé-raient pas une tenue négligée ! Pour les grandes fêtes du collège, nous portions chemise et cravate, ainsi qu'une veste.

J'ai gardé mes cahiers de catéchisme. En troisième, l'aumônier nous faisait un cours sur la morale du bonheur, qui ne s'appuie plus sur les interdits et les obligations, mais sur les vertus et les dons de l'Esprit. Beau chemin d'éducation à la liberté que l'on pourrait redécouvrir aujourd'hui.

Depuis des années, on évoque une morale républicaine... Mais c'est comme l'Arlésienne, on en parle mais on ne la voit pas. Je crains que nous en restions à l'interdit... Est-ce que ça empêche des jeunes de tout casser ? Non, malheureusement.

Nous avions des cours d'instruction civique qui non seulement présentaient la Constitution et les institutions, mais nous exhortaient à respecter les hommes politiques, la *Marseillaise*, le drapeau français. Il faut dire que le président était le général de Gaulle, dont l'autorité naturelle était respectée. Il savait que le politique était le cœur du pays et qu'il devait être un modèle pour ses concitoyens.

Le collège terminé, nous avions hâte d'entrer au lycée et d'emprunter le chemin qui nous conduirait au bac. Ce temps fut marqué par la révolution étudiante de Mai 68 ! Les lycéens, notamment à Sainte-Croix, ne se sont pas rendu compte de l'importance de ces événements. Point de grève ! Les enseignants étaient tous là... Et c'est ainsi que Mai 68 n'a pas touché ce grand lycée.

Ce fut le temps des « mathématiques modernes », où j'ai cru perdre mon latin ! Ce fut une révolution ! Je suis passé en section littéraire classique avec des maîtres dont j'ai célébré les obsèques. Des maîtres difficiles, exigeants, mais investis pour transmettre la culture française et les outils pour apprendre à penser. C'est un trésor inépuisable dont je profite encore aujourd'hui.

C'était un autre temps ! Mais nous voyons aujourd'hui les limites du numérique et de l'intelligence artificielle ! L'enjeu est notre liberté ; voulons-nous devenir des robots ? Tous ces outils exigent un discernement.

Le numérique a remplacé l'imprimerie. Nos jeunes lisent moins et ont du mal à rédiger un paragraphe qui structure la pensée, comme le disait le philosophe Alain. Le SMS a remplacé la lettre ; il n'y a plus d'orthographe et il nous faut lire à voix haute pour essayer de comprendre le message ! Je n'ai rien contre le développement du numérique qui nous donne accès à un univers passionnant. Voilà un outil qui remplace le *Robert* et les encyclopédies. Mais comment le numérique peut-il m'apprendre à penser ? Sûrement pas en m'incitant à faire des « copier-coller », mais en me poussant à vérifier les données reçues et à travailler mon intelligence. Les livres, tout comme les cahiers, sont remplacés par les tablettes ; pourquoi pas ? Mais là encore, pour quelle utilisation ? Nous connaissons les dérives ! Il est clair que les enseignants sont là non seulement pour transmettre, mais pour aider leurs élèves à discerner où est la vérité !

Que tous ces outils numériques soient au service de nos intelligences, voilà un beau programme !

Mon bac en poche, je m'inscris à l'université Paris-X Nanterre en lettres classiques ; un changement radical ! Les murs étaient maculés d'inscriptions et d'affiches, stigmates de Mai 68.

À vrai dire, nous étions peu nombreux en 1970 en lettres classiques. Nous étions protégés et perçus comme des dinosaures du XXe siècle. Je me suis engagé dans la communauté chrétienne, qui annonçait à temps et à contretemps la bonne nouvelle du Salut... Ce ne fut pas simple. Mon engagement dans un syndicat étudiant m'offrit l'occasion de travailler avec notre président d'université, René Rémond, sans oublier le théâtre et le chant choral.

Cet engagement politique m'a appris combien le dialogue est important. À la faculté de Nanterre, nous étions habitués à connaître deux ou trois semaines de grève... Les vacances d'hiver ou de printemps avant l'heure... Ce n'était pas très grave, puisque nous prolongions l'année universitaire de deux à trois semaines, d'un commun accord avec le président René Rémond. Cette participation active à la vie de la faculté nourrissait notre désir d'entrer en politique comme on entrait en religion. Il faut dire qu'à cette époque, même après 1968, ceux qui nous gouvernaient étaient respectés et respectables ; des gens cultivés, des orateurs, j'ose même dire, des serviteurs de l'État. Nous étions loin de la Chambre actuelle... Comment certains politiques peuvent-ils susciter des vocations ? *O tempora, o mores !*

M. Google n'était pas encore né ! Il fallait travailler sa mémoire, le théâtre était une bonne école. Quant au chant choral, on travaillait ses oreilles. Nos soirées étaient occupées et nous n'avions pas les yeux rivés sur les écrans !

Comme tout étudiant, je donnais des cours particuliers qui me montraient que l'enseignement procure des joies, tout comme la perspective de monter sur les planches... Et pourquoi pas au « Français », qui m'a toujours émerveillé ?

Mais la question de la vocation sacerdotale demeurait ! Mon père spirituel m'avait demandé de poursuivre des études universitaires ; ce que j'ai fait bien volontiers. J'ai même exercé mon métier d'enseignant pendant deux ans ; mon côté cabotin m'a aidé, car j'avais quasi le même âge que les élèves de terminale !

Nous sommes en 1972... Déjà cinquante ans ! Certes, c'était plus facile. On ne remettait pas en cause l'étude de Claudel ou de Montherlant... Mais les lycéens connaissaient les chahuts... La règle d'or était d'en prendre la tête, pour ne pas être dépassé !

En classe de terminale, le professeur de lettres était chargé de faire découvrir notre culture française. Les élèves savaient que la sélection pour les concours même scientifiques se jouait sur l'épreuve de la culture générale. C'est pourquoi ils étaient attentifs, sans manquer d'humour !

Je terminais l'étude de *La Reine morte* de Montherlant. Enflammé et passionné comme je sais l'être, je crie : « La Reine est morte, mais elle est reine ! » Et j'entends du fond de la salle : « Cela lui fait une belle jambe ! » Sans doute une marque d'héroïsme ou un trop-plein de romantisme.

Qu'importe ! Cet élève n'oubliera pas Montherlant.

En seconde, je présentais l'*Éloge de la folie* d'Érasme. Un peu austère pour ces jeunes adolescents ! Alors, je me suis mis debout sur mon bureau pour jouer au prédicateur. Un élève, les yeux ahuris, me dit : « Monsieur, vous devenez fou ! » Il avait tout compris. Vingt ans après, je l'ai revu et il m'a rappelé ce cours ! Joie de la transmission. Il est sûr que ces auteurs ne sont plus à la mode… Pourtant ce sont des trésors qui forment les esprits.

Je n'hésitais pas à les amener au Louvre pour découvrir le clair-obscur de Rembrandt, à la Comédie-Française pour déguster les vers de *Phèdre* de Racine sur le thème de la mer et du soleil, sans oublier la musique baroque.

Aucune contestation, bien au contraire ! On était dans l'ordre de la gratuité ; mais ce trésor partagé leur servira sans aucun doute non pas pour étaler leur culture, mais parce que cette culture donne un sens à leur histoire et que ce patrimoine permet de prendre du recul sur ce que nous vivons.

Ce trésor peut-il disparaître ?

Que de souvenirs de ces années heureuses… Tout n'était pas rose, mais ma mémoire, plutôt optimiste, a oublié ces pages… Et à quoi bon ressasser ce qui vous procure de la peine, voire de la déprime ?

Ce retour sur mes années de formation m'éclaire sur ce que nous sommes en train de vivre. Comme je l'ai écrit au début de ce livre, point de nostalgie, bien au contraire ! Il permet d'avoir un regard positif sur notre jeunesse. J'ai conscience de ne pas avoir de réponse aux problèmes de transmission, mais ce dont je suis sûr, c'est qu'une nation qui ne transmet plus forme des barbares violents, car ils n'ont que la violence pour s'exprimer.

Notre jeunesse est aussi belle que celle d'hier, peut-être plus fragilisée qu'il y a cinquante ans par tous les changements que nous connaissons : le drame de la drogue, les harcèlements de toutes sortes, l'envahissement des réseaux sociaux…

Ce qui était interdit ou inconnu hier est désormais permis, voire encouragé. Nos jeunes ont besoin d'apprendre le discernement non pas pour rejeter ce monde, mais pour se frayer un chemin de liberté. La pornographie accessible n'embellit pas la sexualité qui devient débridée.

Les gouvernements successifs semblent dépassés… Cependant c'est l'avenir de notre jeunesse qui est en jeu !

Ne baissons pas les bras ; la jeunesse a besoin des anciens pour lui transmettre leurs expériences, même si les contextes sont si différents ! Ce sont les attitudes audacieuses et courageuses qu'il faut encourager chez nos jeunes.

Nous aurons l'occasion d'y revenir.

Les études universitaires et l'enseignement des lettres classiques terminés, j'entre au séminaire des Carmes à l'Institut catholique de Paris.

Mystère d'une vocation

Pourquoi moi ? Oui, quel mystère ! « Dès le sein de ta mère, je t'ai appelé[1]. » Meilleur que les autres ? Sûrement pas ! Je le découvrirai sans doute au moment du face-à-face !

Très vite, j'ai entendu cet appel ; non pas des voix, je ne suis pas sainte Jeanne d'Arc, mais bien plutôt un désir... Célébrer la messe et annoncer la Bonne Nouvelle. Que de fois ai-je « joué » à la messe dans ma chambre ! Très tôt, j'en ai parlé à mon père spirituel qui m'a conforté dans ma vocation, mais qui a eu le souci de la croissance de ma liberté. Il m'a fait prendre conscience que cet appel était à prendre au sérieux, mais que tout était à faire ! Point d'endoctrinement, mais une vie spirituelle exigeante.

J'ai connu la transition provoquée par le concile Vatican II, ouvert le 11 octobre 1962, le jour de mes onze ans.

Très rapidement, la plupart des soutanes ont disparu, remplacées par un costume sombre et un col romain. Cela ne m'a pas choqué. Quant à la liturgie, cela s'est passé sans douleur, étant dans une paroisse classique.

Il est vrai qu'il y a eu des excès ; la liturgie est devenue plus horizontale. Il fallait inventer, alors que l'on ne connaissait pas la constitution sur la liturgie. Petit chanteur, j'étais plongé dans la grande musique religieuse et le grégorien, et, croyez-moi, cela forme le cœur des fidèles ! Ma vocation sacerdotale a été entretenue par la belle liturgie. Que de semaines saintes chantées, que de séjours à Solesmes, au Bec-Hellouin, à Cîteaux où nous avons appris le « Grand Salve ».

La question de la liturgie n'a jamais été un problème. Mais je comprends ceux qui n'ont pas été ménagés par des excentricités qui ne pouvaient que choquer les sensibilités des fidèles. Du jour au lendemain, les signes ont changé et nous n'avons pas su expliquer le sens des gestes introduits dans la messe selon saint Paul VI.

Il est peut-être temps de revenir sur le pourquoi d'une telle réforme. Les Pères conciliaires devaient répondre à un problème pastoral d'importance : les fidèles étaient devenus des spectateurs muets de la messe et non des participants actifs de la liturgie.

C'est un retour aux origines pour éviter les raideurs spirituelles. Pas de ritualisme étriqué, pas d'innovations qui suppriment la dimension divine.

La grande nouveauté fut la réforme de la liturgie de la Parole : trois lectures sur trois années. Alors que dans la liturgie de l'ancien missel d'avant le concile, il n'y a que deux lectures sur une année. Et, osons le dire, les fidèles n'arrivaient pas à l'heure... Comme aujourd'hui d'ailleurs ! Que de catholiques encore fâchés avec la Parole de Dieu ! La lecture suivie d'un évangile est un chemin : nous nous mettons à la suite du Christ.

La lecture de la Parole est toujours un événement, et pas n'importe lequel : c'est l'actualisation du mystère de Dieu. L'Évangile, c'est la présence du Christ ressuscité parmi nous, comme les cierges autour du prêtre ou du diacre, l'encensement qui rappelle la présence, et les fidèles debout, adoptant l'attitude des ressuscités.

Certains ont reproché à la « nouvelle messe » de ne plus être sacrificielle. Ce n'est pas la réalité ; comme le dit le pape François, à la messe, nous sommes au Calvaire et notre participation active est de devenir vivante offrande en nous laissant saisir dans l'acte eucharistique du Christ, lui-même étant offrande à son Père.

Mais les Pères conciliaires ont également voulu souligner que le fidèle communie aussi au Ressuscité : « Qui mange ma chair a la vie éternelle[2]. » Sacrifice, Résurrection et retour en gloire du Christ. Voilà ce que nous célébrons. Et avouons que nous sommes dépassés !

La mise en place d'une réforme liturgique est toujours longue. Au lendemain de la réforme, Mgr Lefebvre, opposé au concile, a refusé le nouveau missel et a continué à célébrer le rite tridentin. Le pape Paul VI a refusé sa demande de poursuivre cette célébration, car Mgr Lefebvre se servait de « la messe de toujours » pour refuser le concile. C'est la clef de compréhension des raideurs auxquelles nous assistons. Le pape François a vu le danger : refuser de célébrer ou d'assister à la messe selon le missel de saint Paul VI, c'est refuser les réformes et, à la limite, ne plus être en totale communion. Les tensions demeurent, surtout en Europe et aux États-Unis. En France, ce sont les jeunes qui aiment assister à la messe selon le missel de saint Jean XXIII même s'ils ne connaissent pas le latin !

Sommes-nous dans une impasse ? J'espère que non, mais le dialogue n'est pas toujours facile. À Paris, cinq paroisses assurent la messe selon les deux missels et c'est le curé qui célèbre selon les deux missels, montrant par là que la messe selon le missel de saint Paul VI est tout aussi « valable ». Le curé se trouve face à deux communautés et l'enjeu pour lui est de faire la communion !

En tant que consulteur de la congrégation pour les sacrements, c'est une souffrance pour moi de voir que l'Eucharistie, qui doit être source de communion, soit devenue source de divisions, même si cela ne concerne qu'un petit nombre de catholiques dans le monde. Les évêques pensent que ça ne durera pas très longtemps. Que le Seigneur les entende !

Mystère d'une vocation pour se mettre à la suite du Christ dans ce diocèse de Paris que je sers depuis plus de quarante-quatre ans. Le prêtre aime son diocèse ; il est attaché à son histoire, aux fidèles, aux évêques.

Le premier que j'ai rencontré est le cardinal Louis Veuillot, qui passait chaque année quelques jours en Bretagne, au Val-André. L'été, je me levais de bonne heure pour lui servir la messe ; à vrai dire, je ne le connaissais pas très bien… À la fin de la messe, il m'a demandé :

« Sais-tu qui je suis ? » J'ai bredouillé quelques mots qui trahissaient mon ignorance. Il m'a tout de suite dit qu'il était l'archevêque de Paris ! Impressionné, je le fus ; étonné, je le fus également, lorsque, après la messe, il est allé seul sur la plage pour prendre son bain dans une eau fraîche ! Il était l'unique baigneur !

Ces rencontres furtives m'ont montré la grandeur et la fragilité de l'archevêque. C'était à cette époque-là un prince de l'Église, avec une dignité qu'il ne perdit jamais, même en slip de bain !

Mort trop jeune d'un cancer, il avait donné comme testament spirituel à ses prêtres : « Ne parlez pas de la souffrance, vous ne savez pas ce que c'est ! » Une leçon d'agonie…

Il fut remplacé en 1968 par le cardinal Marty, à l'accent rocailleux, loin du titi parisien. On raconte qu'au moment des événements de 68 il a demandé à son secrétaire où était la Sorbonne pour s'y rendre ! Mais il a appris à découvrir la vie parisienne. Là encore, un prince de l'Église qui célébrait à merveille.

Les séminaristes étaient loin de l'évêque : on ne le rencontrait que la veille de l'ordination diaconale ! Toutefois, j'avais sollicité un rendez-vous pour lui parler de certains enseignants de l'Institut catholique qui se permettaient de faire des entorses à la foi catholique. Je fus reçu avec beaucoup d'écoute et de gentillesse et l'entretien s'est achevé ainsi : « Cher ami, certains sont syndiqués, je ne peux pas faire grand-chose ! » Je suis reparti déçu, mais c'était ainsi !

Un jour, célébrant au séminaire des Carmes, quelques minutes avant de mettre son aube et sa chasuble, il sortit une petite fiche en me regardant, et me confia : « Qu'est-ce qu'on me fait dire aujourd'hui ? » Oh, il était conscient de tout ce qui se passait, mais il se laissait conduire par ses vicaires généraux. Ou peut-être l'Esprit-Saint ?

Enfin, pour souligner son humour, au moment où la procession allait quitter la sacristie de Notre-Dame, le cardinal me tape sur l'épaule et me dit en désignant le nonce très hiératique, installé dans son fauteuil dans la « baignoire » : « Patrick, regardez le nonce, il se croit déjà au musée Grévin ! »

C'est Mgr Marty qui m'a ordonné le 28 juin 1980 ; c'était sa dernière ordination. Je me souviens encore de son homélie : « Vous les Parisiens, soyez de bons paysans, soyez patients et laissez pousser ce que vous avez ensemencé ! » Il est vrai que nous voulons voir les fruits ! Je terminais ma maîtrise de théologie et faisais mes premiers pas dans le 11ᵉ arrondissement, à la paroisse Saint-Joseph et au lycée Voltaire. Une découverte et une joie profonde ! Son curé était une belle figure : le père Menteur ! Tout un programme ! Un quartier, loin de mon Neuilly natal, très marqué par la présence de musulmans, mais aussi de pauvres. Une communauté accueillante. Les premiers pas d'un jeune prêtre sont essentiels. Il doit avoir confiance en son curé qui lui transmet sa sagesse et son savoir-faire pastoral. Cette expérience trop rapide s'est arrêtée avec la fin de ma maîtrise en théologie.

Ce fut alors la nomination de Mgr Lustiger qui, osons le dire, a bouleversé le diocèse dans tous les sens du terme ! Ma première rencontre eut lieu à la maison diocésaine située alors rue de la Ville-l'Évêque, le mercredi saint. Il était en train de manger un sandwich. Je lui présentai mon projet rédigé au séminaire des Carmes. Je peux vous assurer que la lecture fut rapide et qu'il ne s'y intéressa pas, car il avait déjà son projet en tête ! Il me demanda : « Que penses-tu de la formation intellectuelle, pastorale et sacerdotale que tu as reçue au séminaire ? » Comme avec le cardinal Marty, je lui ai dit mes questions et les limites de cette formation. Immédiatement, il me demanda si je voulais travailler avec lui... Ma réponse allait de soi et ce fut le point de départ d'une aventure qui dura vingt-cinq années !

Ma vie sacerdotale a été profondément marquée par cette figure prophétique, car il s'agit bien d'un prophète pour notre temps, et, comme tous les prophètes, pas très facile à vivre ! De nombreux ouvrages ont montré l'ampleur de ses réformes ; je me contente de les citer : création de Radio Notre-Dame et de KTO-Télévision ; création de l'École cathédrale, puis des Bernardins et de la faculté Notre-Dame ; création du séminaire de Paris ; organisation de grands événements comme Paris-Toussaint 2004 ou les JMJ à Longchamp avec saint Jean-Paul II.

Passionné par la liturgie, il a repensé la vie pastorale et liturgique de Notre-Dame, célébrant tous les dimanches soir. Il a transformé la maîtrise du bon père Revert, une école de musique, en partenariat avec la Ville de Paris et l'État, ainsi que le chœur avec la création d'un podium liturgique et du mobilier, dont l'autel qui fut écrasé lors de l'incendie. Il a encouragé les petites sœurs de la maternité catholique, les soins palliatifs à la maison médicale Jeanne-Garnier, là où le cardinal a terminé son pèlerinage sur Terre.

Comment ne pas évoquer sa proximité avec saint Jean-Paul II, son dialogue avec ses frères juifs, tout son travail diplomatique lors de l'affaire d'Auschwitz et tant d'autres événements, comme la messe chrismale à Bercy ?

Remontent de ma mémoire quelques anecdotes qui, je l'espère, vous feront découvrir une nouvelle facette de ce grand cardinal.

Alors que je l'accompagnais à Lourdes lors d'un pèlerinage des brancardiers d'Île-de-France, il saluait les malades, notamment des enfants, et il me demande à la fin de sa visite de l'accompagner à la grotte. Au cours du trajet, il me dit qu'il me nommerait directeur et professeur au séminaire d'Issy-les-Moulineaux. Immédiatement, je lui ai fait comprendre que j'étais bien jeune pour une telle responsabilité. Le père Lustiger a fait celui qui n'entendait rien... Nous avons récité ensemble une dizaine de notre chapelet, puis je l'ai conduit à l'aéroport de Tarbes. Au moment où il allait franchir la zone réservée aux voyageurs, je me suis risqué à lui confier mes craintes pour cette nomination : « Tu n'as pas à avoir peur, nous venons de prier Marie, elle t'aidera ! » Puis il disparut... C'était en avril et il me restait cinq mois pour mettre en place mon cours sur le Christ, le Salut, la mariologie, la patristique...

Et dire qu'à la sortie du séminaire j'avais dit au Seigneur : « Je suis prêt à tout, sauf à être directeur au séminaire ! » Il ne m'a pas entendu, puisque j'y suis resté douze ans ! Mais le Seigneur répond autrement... Il savait que cette mission me comblerait de joie ! Et je n'ai pas été déçu !

Si le cardinal Lustiger m'a nommé au séminaire, c'était pour préparer le Studium du séminaire de Paris. La création de ce séminaire était prophétique ; comment former un corps de professeurs ? C'était une urgence, car les sulpiciens vieillissaient... Et comme l'a rappelé un jour André Vingt-Trois aux sulpiciens : « Vous faites revenir les réservistes », c'est-à-dire des professeurs à la retraite...

La décision était difficile à prendre. Je me souviens d'une rencontre avec le cardinal, Mgr Vingt-Trois, son auxiliaire, le père aumônier et moi-même chez lui pour évoquer cette ouverture. Le cardinal était plutôt angoissé et interrogatif, tandis qu'André Vingt-Trois était prêt à franchir le Rubicon. Le cardinal imaginait certains fidèles faisant du *sit-in* devant sa résidence... Et Mgr Vingt-Trois de le rassurer : « Tu fermeras tes volets et tu attendras que la caravane passe ! »

Le père et le fils étaient complémentaires. Pour le jeune prêtre que j'étais encore, quelle leçon ! L'art de prendre du recul pour opérer un discernement... Cela m'a bien aidé pour la suite.

Durant cette période, que de récollections et de retraites prêchées : aux auxiliaires de l'apostolat, aux bénédictines du Sacré-Cœur de Montmartre, dans les abbayes comme Kergonan, Wisques, Lérins, Le Barroux, Randol, au Carmel de Plappeville, chez les dominicaines de Lourdes, au foyer de charité de Poissy... Que de visages de moines et de moniales, que de prêtres comme ceux du Luxembourg, que de laïcs qui ont une soif de vie intérieure, que de séminaristes...

Quand vous prêchez une retraite, vous vous la prêchez aussi à vous-même. Huit jours de silence avec la Parole de Dieu et le Seigneur présent en son Eucharistie. Le prédicateur écoute, pardonne, conseille avec la grâce de l'Esprit-Saint.

Il est vrai qu'une retraite exige un gros investissement, mais c'est une joie pour le prédicateur : aider les fidèles à monter sur la montagne sainte pour découvrir le vrai visage de Dieu.

Très rapidement, le diocèse me demande d'intervenir sur Radio Notre-Dame. J'ai ainsi animé des émissions sur les Pères de l'Église, sur la vie spirituelle, sur l'éducation. À côté de Radio Notre-Dame, des messes étaient retransmises sur France Culture, notamment pendant le carême. Chaque messe générait une belle correspondance d'auditeurs, souvent isolés, et qui n'avaient plus accès à l'Eucharistie quotidienne, faute de prêtres ou de moyens de locomotion ! Que de déserts spirituels ! À la différence de la télévision, les auditeurs sont plus attentifs à la musique et à la prédication !

Bien plus tard, l'incendie de Notre-Dame m'a conduit sous les feux des projecteurs. Je ne compte plus les interviews que j'ai données, ni les plateaux de télévision sur lesquels je me suis rendu. Mais, à y bien réfléchir, le micro et la caméra peuvent devenir des drogues et favoriser une forme de narcissisme. C'est pourquoi je ne m'écoute pas et ne me regarde pas par la suite… C'est une façon de me préserver !

Au moment de Paris-Toussaint 2004, une semaine d'évangélisation organisée par le cardinal Lustiger, ce dernier avait demandé à deux de ses vicaires généraux de suivre des cours de *media-training*. Durant ces sessions, on vous apprend à maîtriser et à dominer le journaliste, et à ne pas se laisser mener par le bout du nez. Pour cela, il convient d'attaquer bille en tête et répéter trois fois le message que nous voulons faire passer. Tout un art qui s'apprend et qui ne s'improvise pas… Faute de quoi l'intervieweur risque de s'égarer sur la sexualité des prêtres, qui d'ailleurs n'intéresse personne !

Pour autant tous les journalistes ne sont pas des roublards ! J'ai toujours été en confiance avec eux et je ne le regrette pas. Il est vrai que l'humour aide et qu'il faut surprendre. Aux « Grosses Têtes », cela marche très fort ! Sur France Info, c'est plus difficile… Qu'importe ! l'essentiel est de faire passer le message.

Ce côté médiatique est parfois fatigant… Vous ne passez plus inaperçu. On vous réclame des selfies… qui seront sûrement détruits dans quelques mois !

Après douze années au service de la formation des prêtres, le cardinal m'a nommé à la basilique du Sacré-Cœur, un nouveau défi. Il s'agissait d'installer les bénédictines du Sacré-Cœur qui avaient quitté le sanctuaire du temps du recteur Mgr Charles. À vrai dire, les successeurs du père Charles avaient poursuivi sa pastorale qui était comme figée. « On a toujours fait comme ça ! »

Mon prédécesseur commençait à perdre la tête et la succession fut difficile. Pour favoriser l'unité, le recteur doit être présent dans la basilique et ne pas s'enfermer dans son bureau. L'archevêque m'avait donné comme mission de mettre en place une pastorale de sanctuaire, celui de la miséricorde et de l'amour donné. Au centre, l'adoration eucharistique et le sacrement de pénitence. Ce qui a bouleversé les habitudes, c'est que tout être était accueilli et invité à participer à l'adoration, de jour comme de nuit. Le sanctuaire, moins marginalisé et moins typé, revenait au centre de la pastorale diocésaine. Cela a toujours été mon souci : éviter de créer des chapelles et des contre-pouvoirs.

Avant que je sois recteur, j'étais en compagnie du cardinal Marty à la sacristie quand nous entendîmes le responsable de la liturgie crier : « Imposition de l'encens. » Et le cardinal, avec son air moqueur, de répondre à voix basse : « C'est bien la seule chose que j'impose ici ! » Quatre années où chacun doit trouver sa place, les prêtres, les religieuses, les laïcs, les salariés... Le recteur est là pour écouter et maintenir la communion.

Après la restauration des salles de conférences, des chambres d'accueil, j'ai pu faire de nombreuses interventions spirituelles pour les pèlerins. Ces années m'ont permis de travailler la spiritualité du Cœur du Christ et celle de l'adoration eucharistique.

Le maire de Paris était Jean Tiberi, que j'ai un peu bousculé à cause de l'interdiction des cars sur le mont des Martyrs Denis, Rustique et Éleuthère. Mais quel accès pour les handicapés ? Comme souvent, on prend des décisions sans envisager les moyens de remplacement... Toutefois j'ai toujours entretenu de bonnes relations avec les autorités civiles. Un jour j'avais invité le maire avec son épouse à déjeuner pour évoquer le ravalement intérieur de la basilique. Un bon repas pour préparer les esprits et, entre la poire et le fromage, j'ai mis sur le tapis, ou plutôt sur la nappe, le projet... C'est Xavière qui a invité son époux à sortir un papier : « Écris, Jean ! Ravalement possible... » Xavière était adoratrice du Sacré-Cœur. Faut-il y voir un exemple du pouvoir de la femme en politique ? Je n'ai pas eu le temps d'en profiter, puisque j'ai été nommé vicaire épiscopal pour l'enseignement catholique, supérieur de Saint-Jean-de-Passy et, rapidement, administrateur du Sacré-Cœur, car mon successeur avait été débarqué... Ma vie pastorale se passait souvent dans les encombrements parisiens, entre le 18e, le 7e et le 16e...

Que retirer de ces trois années ? Un travail sur l'éducation, une réflexion sur la spécificité de l'enseignement catholique, les visites de tutelle des établissements, favoriser la paix au cœur des tensions. Mais le plus important, ce sont les jeunes. Quelle évolution ? Professeur en 1972, aumônier en 1980, supérieur en 2000 et catéchiste en 2023... J'ai connu la joie de voir progresser les jeunes qui nous étaient confiés. Mais je suis également bien placé pour voir les changements et nommer les failles de nos systèmes éducatifs. D'ailleurs le ministre de l'Éducation nationale Gabriel Attal, devenu Premier ministre, rapidement démissionnaire après la dissolution de l'Assemblée, s'inquiète de la baisse du niveau en lettres et en mathématiques !

Ces trois années terminées, me voici nommé à Saint-Honoré-d'Eylau dans le triangle d'or de Paris. Enfin curé ! Le prêtre diocésain revit ! Il faut huit mois pour faire le tour de cette paroisse, riche en fidèles et en bâtiments. Le total du denier représentait l'équivalent des paroisses du diocèse d'Aire-sur-l'Adour-et-Dax ! Ce fut un choc pour Mgr Philippe Breton, le nouvel évêque, quittant une des paroisses les plus riches de Paris.

Heureux d'être curé, j'ai croqué la pomme à pleines dents et profité de toutes les joies pastorales. Lors d'un pèlerinage à Ars avec des paroissiens, alors que je venais de prier devant la châsse du saint curé, le cardinal Lustiger m'appelle : « Viens dîner samedi avec moi… » Qu'est-ce qui allait me tomber dessus ? Le plafond de la résidence épiscopale ! À peine à table, alors que je venais de réchauffer le potage préparé avec amour par les sœurs, le cardinal m'annonce qu'il me prenait comme vicaire général et me demandait de supprimer tous les rendez-vous, les conférences, les retraites. Adieu veau, vache, cochon...

À peine huit mois, et me voici de nouveau dans les bureaux de l'archevêché, loin d'une communauté, mais proche des prêtres. L'apôtre ne choisit pas sa mission ! Il l'accueille avec les grâces divines qui l'accompagnent.

J'ai bien compris que le Bon Dieu ne voulait pas que je sois curé ! Deux années auprès du cardinal Lustiger et trois années auprès du cardinal André Vingt-Trois comme vicaire général.

J'en garde tout d'abord une proximité avec l'archevêque ; ce n'est pas rien ! Le vicaire général est là pour aider l'évêque dans son ministère. Chaque vicaire général a des responsabilités transversales, comme les hôpitaux, les relations avec les traditionalistes, mais aussi un territoire pastoral qu'il accompagne. Ce dernier point permet une belle connaissance du diocèse.

Chaque semaine avait lieu le petit déjeuner du mercredi autour de l'archevêque, ainsi que le conseil du vendredi consacré aux nominations. Et de temps en temps, un dîner en tête à tête où nous discutions des dossiers délicats.

Promotion ? Sûrement pas ! C'est un service où l'on se dépossède pour se donner totalement.

Le territoire paroissial s'est grandement élargi... J'avais la responsabilité de trente-huit paroisses, celles du centre et du nord-est de Paris.

N'oubliez pas que la joie d'un curé, c'est le dimanche où il accueille ses paroissiens ; un partage des joies et des drames. Bien sûr, il y a d'autres moments intenses.

Pendant ces cinq années, je passais de paroisse en paroisse, soit pour célébrer des confirmations, soit à l'occasion d'une visite pastorale. Mais ce qu'il y a de plus beau, c'est l'accompagnement des prêtres nommés dans les paroisses de votre secteur.

Le diocèse de Paris avait encore cinq cents prêtres et le cardinal n'avait pas la possibilité de les recevoir, sauf cas urgents. Il profitait des retraites sacerdotales pour partager avec chacun d'entre eux. Il est sûr qu'en province l'évêque est plus proche de ses collaborateurs. Mais Paris est Paris !

Mes années au service des séminaristes m'ont rapproché des prêtres. Aujourd'hui j'ai accepté d'être le directeur spirituel de seize prêtres et de deux diacres permanents.

J'aime les prêtres, parce que ce sont des êtres donnés ! Certes, ils ont des limites et des pauvretés, comme chacun d'entre nous. La communion du presbyterium a été blessée par la démission de Mgr Aupetit, l'ancien archevêque de Paris, parti trop rapidement. Le diocèse mettra sans aucun doute plus de dix ans à s'en remettre. La blessure est encore vive.

La nouvelle génération de prêtres plus classiques peut irriter les anciens ; le retour de la soutane et du surplis n'est pas toujours compris. Mais nous oublions que nous sommes moins nombreux, moins reconnus, et que la tentation identitaire est sans doute une réponse… Qui peut d'ailleurs entraîner une forme de cléricalisme dénoncé par le pape François.

À un évêque qui s'inquiétait de voir tant de soutanes dans les sacristies, le cardinal Vingt-Trois répondit : « S'il y a des soutanes, c'est qu'il y a encore des prêtres ! Réjouis-toi ! » C'est Jésus qui nous les donne ; à nous de discerner leurs aptitudes… Mais le port de la soutane n'est pas un empêchement, ou alors le Vatican va se vider d'un coup, le pape en tête !

Proximité avec l'évêque, avec les prêtres, mais aussi avec les fidèles rencontrés lors des visites pastorales.

Ce qui m'a marqué pendant ces trois années avec André Vingt-Trois, ce sont ces mêmes visites pastorales, la mort du cardinal Lustiger et la visite de Benoit XVI à Notre-Dame et aux Invalides.

Les trésors spirituels de Paris

Dès son arrivée comme archevêque de Paris, André Vingt-Trois lance les visites pastorales dont le thème était la mission. J'ai visité plus de trente paroisses, dans le centre et l'est de Paris. Que de merveilles ! Quelle vitalité ! Que de rencontres qui ont alimenté mon action de grâces !

Une visite pastorale dure une bonne semaine qui est faite de rencontres avec les conseils pastoral et économique. Le curé a préparé en amont les visites des associations caritatives, des partages avec les catéchumènes, les catéchistes, l'accueil, bref les forces vives de la paroisse.

Le visiteur célèbre une messe dominicale et achève cette semaine par un compte-rendu, soulignant les forces, mais aussi les points d'attention.

Une visite n'est pas un audit, mais un regard attentif et positif sur la paroisse pour permettre à l'évêque de se rendre compte de la dynamique missionnaire de son diocèse.

Comme je visitais la petite église Saint-Luc dans le 19e qui venait d'être construite, une dame musulmane s'approcha de moi et m'assura de sa reconnaissance : « Nous avions besoin de ce lieu de paix. » Il faut dire que, dans ce quartier, trois communautés sont appelées à vivre ensemble : les chrétiens, au nombre de 1 %, les musulmans et les juifs cohabitent dans une paix toujours précaire. Une petite communauté attachante dont les ressources sont fragiles, mais le diocèse est là pour aider ces paroisses de l'Est parisien grâce à une solidarité des paroisses de l'Ouest, beaucoup plus riches.

Dès mon arrivée, je suis adopté comme si je faisais partie de la famille. Mais n'est-ce pas l'avantage des petites communautés ?

Il est vrai que ces paroisses tiennent par la grâce de l'Esprit-Saint, puisque les chrétiens y sont minoritaires. Je me souviens d'une paroissienne me confiant qu'il fallait résister pour ne pas partir. C'est l'Esprit qui renforce notre vie intérieure. Mais quelle belle mission ! Être des artisans de paix ! Les paroisses sont effectivement des fontaines au cœur de ces quartiers parfois bien tendus. Quelques exemples remontent à ma mémoire.

Une personne de plus de quatre-vingt-dix ans m'appelle pour me demander le sacrement de la confirmation ; intérieurement, je me suis dit : « Elle s'est trompée de sacrement... » Mais pas du tout ! Elle voulait avoir la force de l'Esprit pour devenir apôtre dans son quartier. Il n'y a pas d'âge pour transmettre la tendresse de Dieu !

Une gardienne d'immeuble avait transformé sa loge en véritable oratoire ; elle laissait la porte entrouverte et les locataires, en passant devant, loin de la foi, n'hésitaient pas à lui dire : « Priez pour moi ! » Nous sommes dans le 19e, un quartier difficile ! Comment ne pas évoquer cette religieuse qui, l'après-midi, s'installait dans le parc des Buttes-Chaumont et gardait les enfants pour permettre aux nounous de faire leurs courses... Sans oublier l'apôtre des escaliers. Cette dame vivait dans l'escalier et témoignait de la présence de Dieu... Folle, peut-être, mais folle de Dieu sûrement !

Ils sont légion ces apôtres de l'amour, enfouis dans nos quartiers parisiens, qui, grâce à leur foi, soulèvent des montagnes, celles de l'indifférence, parfois de l'intolérance.

Je n'oublie pas ma visite pastorale à Saint-Bernard-de-la-Chapelle dans le 18e, église autrefois occupée par des migrants, une petite communauté au cœur de la Goutte-d'Or, au sein d'un environnement marqué par la présence de l'islam, mais aussi de la drogue, de la prostitution… N'ayant pas le sens de l'orientation, à peine sorti du métro, je cherche le clocher de l'église peu visible ; me voici errant au cœur de ce marché haut en couleur et en odeur d'épices, je suis interpellé par un passant : « Vous cherchez quoi Abouna ? » Ayant fait des fouilles archéologiques en Syrie, je connais deux ou trois mots d'arabe. Abouna, c'est le père… Je lui parle de l'église Saint-Bernard et il me conduit par la main… Le col romain est devenu un bon GPS ! Heureusement, je n'ai pas écouté le curé de la paroisse, qui m'avait conseillé de venir incognito… Je serais encore à errer dans le quartier entre les fruits exotiques et les vendeurs de drogue…

Pas facile d'être une communauté chrétienne au cœur d'un tel quartier au demeurant sympathique. Le curé doit s'inculturer pour comprendre les attentes et les besoins des paroissiens.

Mais quittons l'Est parisien et faisons un tour dans le centre de Paris, quartier historique et qui se vide de ses habitants. Je rappelle que ces visites pastorales ont eu lieu il y a déjà plus de quinze ans !

Là encore demeurent en mon cœur des rencontres qui ont nourri ma prière. Je n'oublie pas cette paroisse tenue par la communauté de l'Emmanuel ; je partage avec un catéchumène et lui demande comment il est arrivé dans cette communauté ; il me dit qu'avant d'entrer, s'adressant à Dieu pour lui dire « oui », il avait besoin d'un signe : s'il y a quelqu'un dans l'Église, ce sera le signe. Et il y avait une personne à l'accueil... Il faut peu de chose pour désarmer devant Dieu !

Je pense aussi à celui que j'ai vu à Saint-Laurent dans le 10e. Il travaillait en face de l'église ; à l'heure du déjeuner, dégustant son sandwich sous la pluie, il se décide à entrer ; il s'assied et attend la fin de sa pause-déjeuner... Une personne s'adresse à lui : « Vous cherchez quelque chose ? » Et lui de répondre : « Je cherche Dieu ! » Et elle de lui confirmer : « Il est ici. » Et il est entré en catéchuménat ! Bienheureuse pluie qui a poussé ce commercial à rencontrer Dieu qu'il cherchait sans doute depuis longtemps.

L'archevêque m'a envoyé visiter Saint-Merry, au cœur du Marais. Un quartier autrefois occupé par la communauté juive, remplacée par la communauté homosexuelle. La présence de l'Église est importante pour l'accueil et l'écoute. Intrigué par la messe qui dure une semaine, je me suis précipité le lundi soir pour ne pas manquer l'introït. Rendez-vous au presbytère dans la salle de réunion. Une dame, plutôt âgée, m'interpelle : « Qui êtes-vous ? » Je lui réponds que je représente l'archevêque de Paris dans le cadre d'une visite pastorale... Elle y voyait déjà une inspection et des sanctions annoncées. L'humour détend l'atmosphère... Au moment de préparer la messe, le curé me demande si je souhaite une « prise de parole ». Pour faire moderne, j'ai précisé mon désir de faire une homélie et peut-être même après l'Évangile !

Une originalité pour cette paroisse qui s'était marginalisée... Le dimanche, me voici installé sur un pouf; on me présente comme un visiteur sympathique, mais je devais garder le silence jusqu'à l'Évangile que j'ai pu proclamer... C'était le dimanche des migrants. J'ai commencé par citer Benoît XVI et, pour les faire rire, j'ai précisé que c'était le pape !

Après la liturgie de la Parole, j'ai pu présider l'Eucharistie et même donner la bénédiction.

À la fin de la visite, j'ai recommandé à la communauté de relire la constitution sur la liturgie de Vatican II. Mais j'ai aussi reconnu ce qui se vivait dans ce quartier difficile. Une communauté qui se marginalise, se coupe de la source et donc de la communion. Pas facile pour l'évêque de nommer des curés de choc pour faire avancer une telle communauté dans la communion. Certes, il faut relire leur histoire et essayer de comprendre l'origine de cette mise à part...

Mais j'avoue que cette visite m'a rappelé les débordements de 68 et les excès qui ont divisé la sainte Église.

Comme disait l'un des archevêques : « Il faut bien un musée... » J'ai compris les blessures des uns et des autres et leurs effets néfastes pour l'unité.

Bref, ce qui est métaphysiquement impossible est possible dans l'Église ! Un apophtegme que je cite souvent ! Mais cela n'a pas troublé ma foi, loin de là !

Le temps passe, les modes aussi ! j'ai connu les prêtres en soutane, puis les prêtres en cravate, les cols roulés, les clergymen multicolores... Comme disait le cardinal Marty : « Les prêtres ne portent plus de signes distinctifs, mais regardez leurs pantalons : ils sont toujours trop courts ! » C'était la crainte de ma chère mère : reste propre, bien habillé ! Aujourd'hui la soutane revient au galop… Sans doute un désir de visibilité ; le prêtre sera toujours l'homme du sacré… Mais attention, l'habit ne fait pas le moine !

Quittons le centre de Paris pour le 11e. Un quartier qui a bien changé en quarante ans ! Lorsque j'étais jeune prêtre, il y avait une forte présence de personnes issues du Maghreb ; aujourd'hui c'est la communauté asiatique qui a chassé de leurs magasins les musulmans. Mais la pauvreté demeure et la paroisse Saint-Joseph-des-Nations poursuit son œuvre caritative pour être signe de la tendresse de Dieu. Un couple, Micheline et Daniel, a mis en place le petit déjeuner du dimanche, très fréquenté. Lors de la visite pastorale, on m'a invité à un dîner avec toutes ces personnes de la rue. Quel accueil et quelle fierté de recevoir un représentant de l'archevêque. Mon voisin a sorti une bonne bouteille de vin pour fêter cette rencontre. Le vin était quelque peu bouchonné, mais qu'importe ! l'essentiel était ce moment de convivialité et de partage. Proximité du pasteur auprès de ses brebis. J'ai vu la charité en acte dans ce quartier parisien.

Revenons dans le quartier du Marais, à Notre-Dame-des-Blancs-Manteaux. Peu de fidèles le dimanche ; en revanche, le curé avait organisé des samedis musicaux. Le thème de l'année était les cantates de Bach. Une courte présentation par un prêtre ou un pasteur, l'exécution de la cantate et, à la fin, courte répétition pour que les spectateurs puissent devenir chanteurs.

Un concert pédagogique et féerique en cette belle église au cœur d'un quartier LGBT. L'art est un chemin privilégié pour se poser la question de Dieu.

Prenons le métro pour visiter Notre-Dame-du-Perpétuel-Secours. Mais connaissez-vous cette église en retrait qu'on ne voit pas du boulevard ? En revanche, nous connaissons le cimetière du Père-Lachaise qui lui fait face. Ce fut l'occasion d'arpenter les allées de ce cimetière haut en couleur. Surtout en automne ! Nous croisons des curieux qui cherchent la tombe d'un homme connu ou d'une chanteuse comme Édith Piaf... Personnellement, je préfère rencontrer les personnes de leur vivant, mais l'hommage est important, tout comme le respect de leur œuvre !

Nommé par l'archevêque, je faisais partie du groupe éthique funéraire présidé par M. Delanoë, alors maire de Paris. Toutes les religions étaient représentées et les questions portaient sur les places dans les cimetières, l'orientation des tombes en fonction des pratiques funéraires, les obsèques en cas de crise sanitaire – nous étions encore loin de la Covid –, la crémation... Comme vous le voyez, un programme réjouissant ! Mais avec un tel programme macabre, nous avions l'occasion de rire ou plutôt de sourire... L'art de perdre son temps, car les réunions duraient trois heures ! Ainsi, lors d'une séance mémorable, le sujet portait sur la place des tombes des musulmans. Mais l'orientation des tombes aurait bouleversé tout le plan du cimetière. Alors, où trouver un carré ? Trois heures de discussion qui se sont achevées par l'intervention du directeur des cimetières parisiens : « De toute façon, il n'y a plus de place depuis plusieurs années ! » La séance s'est vite interrompue, faute de place et de combattants...

D'autres questions furent abordées comme le cas d'une crémation où l'on avait oublié que le pauvre défunt portait de nombreuses prothèses métalliques, ce qui a fait exploser le four... Qui allait payer ? Mais surtout, pouvons-nous garder les cendres du défunt ? Tout cela est macabre... Mais que de gens ont du mal à faire leur deuil, comme on dit aujourd'hui – quelle expression ! J'ai rencontré des veuves qui se promenaient avec l'urne de leur époux !

Un jour, c'est M. Delanoë qui présidait la séance. Il nous confie qu'il n'a pas la foi, mais qu'il souhaite un bel enterrement avec de beaux chants – c'est un ancien petit chanteur à la Croix de Bois, chœur fondé par Mgr Maillet. Je lui ai immédiatement répondu qu'il pouvait compter sur moi ! « Vous allez vite en besogne, je ne suis pas encore mort. » Une sympathie est née entre nous !

Accompagnant des hôpitaux, j'ai eu la joie de rendre visite aux équipes d'aumônerie et de découvrir la beauté de cette mission tant désirée à la sortie du séminaire.

J'ai rencontré les médecins, les infirmières, tout le personnel médical. Lors d'une messe de Noël à Cognacq-Jay, spécialisé dans les soins palliatifs, beaucoup de malades dans leur lit ou en fauteuil étaient prêts à rencontrer le Seigneur. La célébration fut bouleversante. Le lendemain, l'aumônier m'a annoncé qu'ils étaient tous morts dans la nuit ! Je me suis souvenu du cantique du vieillard Syméon : « Maintenant, ô Maître souverain, tu peux laisser s'en aller ton serviteur en paix selon ta parole, car mes yeux ont vu ton Salut. »

Rencontre à l'hôpital Sainte-Anne, spécialisé dans les maladies psychiques. Les chefs de service, bille en tête, me disent : « Monseigneur, les personnes fragiles psychiquement ne sont pas ici, elles sont dans la rue ! » et insistent sur le rôle de l'Église qui accueille tous ces malades après 17 heures (l'hospitalisation de jour s'achève en effet à cette heure). Pourquoi viennent-ils à l'accueil d'une paroisse ? Pour parler et chercher du silence ! Les accueillants ne sont pas toujours rassurés ! Croyants ou non, ces malades psychiques savent qu'ils seront écoutés. Belle mission !

Je pense à tous ces textes du pape François sur la proximité des pasteurs ; elle se vit au quotidien, même si la fatigue est là. Je suis frappé par la santé des prêtres, surtout des jeunes. L'évêque doit être proche d'eux. À peine entrés dans le ministère, ils sont écrasés par les charges qui leur sont confiées. Le manque de prêtres se fait douloureusement sentir, et ça ne va pas s'arranger ! Que faire ? « Priez le Maître de la moisson[1]. » Il faut dire que la sainte Église traverse des zones de turbulences, nous avons besoin d'attacher nos ceintures ! Et cette ceinture, c'est celle de la foi. Comme il est bon de faire mémoire de ces multiples rencontres qui ont nourri ma foi et qui demeurent gravées en mon cœur.

Je ne parle pas des confessions… J'ai la grâce de l'oubli et heureusement, car je confesse depuis plus de quarante ans. La mémoire fait le tri.

Non, il s'agit de rencontres sur le terrain. Comment oublier ce jeune postier qui voulait devenir un saint ! Il me confie qu'il veut quitter le poste de guichetier pour distribuer désormais le courrier, poste à cette époque-là moins rémunéré. Mais, ayant la clef pour ouvrir les immeubles, il ne se contentait pas de distribuer le courrier dans les boîtes, il n'hésitait pas à monter aux derniers étages pour saluer des personnes âgées et isolées. Chemin de sainteté ? Sans aucun doute !

Je fus nommé aumônier du dépôt de la préfecture, aujourd'hui fermé, avec comme gardiennes de prison les sœurs de Marie-Joseph-et-de-la-Miséricorde.

Dès mon entrée dans la prison, un gendarme m'arrête. Il avait besoin de parler. Il venait de défoncer la porte d'un appartement pour y découvrir un corps en décomposition. Il était bouleversé. On le serait à moins ! Il me confia qu'il avait prié pour ce défunt, pensant qu'il était sans famille et sans amis. Voilà une belle démarche de sainteté.

Dans cette prison, je n'ai fait que des rencontres surprenantes. Tout d'abord la présence des religieuses qui donnent une tonalité spirituelle. Nous avons l'impression d'entrer dans un monastère. Certes, il y a des cellules, et elles sont fermées à clef. J'étais à peine nommé aumônier que la supérieure m'appelle tôt le matin : « Mon père, une prisonnière souhaite parler à un prêtre. » Puis elle précise : « Elle s'appelle Dominique... Enfin, il s'appelle. » J'ai compris que ce ne serait pas simple ! Ce jeune de dix-huit ou dix-neuf ans, en robe rouge, avait été arrêté pour avoir volé de l'argent, tout en faisant le trottoir ! Une vie glauque. Nous avons pris le temps de parler et, à la fin, il a voulu se confesser. Heureusement je lui ai demandé où il en était avec le Seigneur. Il m'a répondu tout de go : « Je suis musulman, mais on ne peut pas parler à l'imam, alors je te demande de me confesser ! » Je lui ai dit que je pouvais le bénir et que j'allais le présenter à un prêtre qui s'occupait des jeunes comme lui pour le préparer au baptême.

Quelques semaines passent ; me voici avec ma communauté de séminaristes en train de me promener dans Paris, quand surgit ce jeune, toujours en robe rouge et qui me reconnaît... La tête ébahie des séminaristes s'interrogeant sur la relation de leur supérieur avec cette prostituée ! Et je n'ai pas vu ma tête à moi... Sans doute aussi rouge que sa robe ! Il ou elle avait commencé sa préparation au baptême. Le col romain ne pardonne pas... On nous reconnaît !

Une autre rencontre m'a marqué. Une jeune femme originaire d'Amérique latine avait été arrêtée parce qu'elle se prostituait. Grâce à cette arrestation, elle a pu sortir de ce réseau infernal. Mais comment expliquer à ses parents qu'elle avait fait un court séjour en prison ? Je lui ai conseillé d'expliquer que cette prison était habitée par des religieuses et que cette courte récollection lui avait fait beaucoup de bien ! Aujourd'hui, le dépôt est fermé, mais quel beau travail apostolique pour ces religieuses, prisonnières volontaires pour accompagner et aider à retrouver la liberté intérieure !

Quittons le quai de l'Horloge pour retrouver cette belle et grande paroisse qu'est Saint-François-Xavier. Huit années de joies et d'évangélisation dans un quartier riche avec une forte présence des fidèles aux eucharisties quotidiennes, qui toutefois ne représentaient environ que 10 % des habitants. Il y avait donc encore du travail ! Avec un conseil pastoral efficace, nous voici lancés dans l'aventure des « sonnettes ». Nous avons quadrillé les quartiers, nous avons dragué les gardiennes pour obtenir les codes, nous avons sollicité les commerçants en commençant par les pharmaciens, les boulangers... Les paroissiens, tout d'abord étonnés d'une telle démarche puisque l'Église était pleine, sont entrés dans ce projet et, deux par deux, comme les premiers disciples, ont arpenté les boulevards et les rues de ce beau quartier. Des portes se sont ouvertes, des langues se sont déliées... Certes, d'autres portes sont restées fermées, mais la foi est proposée et non imposée. Osons sortir de nos églises et de nos sacristies pour rejoindre celles et ceux qui ne demandent plus rien à l'Église.

Ce qui m'a frappé, c'est l'amitié, la communion qui soudaient cette communauté. Elles sont nées des nombreux pèlerinages que la paroisse a organisés, à Rome, en Terre sainte, sur les pas de saint Paul, de saint Jean-Paul II en Pologne... Au moment où j'écris ces lignes, en plein conflit dramatique entre Israël et le Hamas, je songe aussi aux chrétiens isolés et qui manquent cruellement de pèlerins, notamment à Bethléem.

La paroisse préparait une centaine de mariages, mais la plupart étaient célébrés en province pour être proches des propriétés familiales. Ces liens demeurent et certains jeunes parents nous demandent le baptême de leurs enfants.

Tous ces liens d'amitié sont importants pour les prêtres. Comment oublier le partage d'une galette des rois où nous étions plus de six-cents ? Et le spectacle sur la petite Thérèse, et la crèche aux mille santons, et le tombeau vide de la Résurrection... Une litanie de joie et d'amour.

Nous avons également créé « Le sourire de SFX », qui prenait en charge les SDF, les personnes isolées, la chorale avec les personnes atteintes de la maladie d'Alzheimer…

C'est l'amour qui unifie une paroisse ; c'est le péché qui divise, et ce péché, nous le connaissons ! La volonté de puissance, le désir du pouvoir, la jalousie, les ragots, les chapelles qui prennent la place des vraies chapelles où l'on peut se recueillir ! C'est vrai chez les clercs comme chez les laïcs.

Comment articuler le sacerdoce commun des fidèles et le sacerdoce ministériel ? En reconnaissant que nous ne sommes que des serviteurs du dessein d'amour du Père. Le pape François veut changer cette mentalité ; le synode sur la synodalité a cette ambition ! Mais ce ne sont pas les structures qui changent les cœurs ; c'est le Seigneur qui nous exhorte à la conversion ! Notre Église a besoin de saints et non d'abord de réformes !

Le nouveau visage de l'Église

En soixante-dix ans, nous sommes passés d'une Église influente et reconnue à une Église très fragile. L'origine de cet affaiblissement vient de plus loin, sans doute du siècle des Lumières, et non du concile Vatican II.

Quelle image aujourd'hui ? Osons le dire, nos assemblées ne sont pas jeunes… Je sais qu'il y a des exceptions, Dieu merci ! Mais je reçois, grâce à ma présence sur KTO pendant le temps de la Covid, de nombreux témoignages de personnes âgées, isolées dans des déserts spirituels.

Je sais aussi qu'il ne faut pas se contenter de regarder les chiffres, mais il faut au moins les interpréter ! Peut-on expliquer la baisse de la fréquentation des fidèles aux messes dominicales ? Je ne suis pas sociologue et ce livre n'est pas une étude scientifique. En revanche, je me contente de regarder ce que j'ai vécu.

Tant de bouleversements ont touché les familles chrétiennes. Mais 68 a bouleversé de plein fouet les familles en portant atteinte à la transmission des valeurs. Le mariage se fragilise... Ce qui n'était pas permis hier est devenu possible... La « cohabitation juvénile », comme on disait alors, s'est vite répandue. On parlait aussi du mariage à l'essai... Préparant des mariages depuis plus de quarante ans, j'ai vu cette évolution. Les fiancés donnaient chacun leur adresse ; puis en rougissant, ils avouaient qu'ils habitaient ensemble : « Mon père, on vit dans le péché ! » Aujourd'hui, c'est naturel et normal ! Évolution de la société...

Les piliers du mariage sont désormais fragilisés par la société. On n'hésite pas à faire de la publicité pour apprendre à tromper son conjoint ; l'indissolubilité est mise à mal par le nombre des divorces, la liberté intérieure tend à disparaître et la fécondité en France n'a jamais été si basse !

Nous ne parlons plus de famille chrétienne, mais de familles au pluriel. Nous allions à la messe en famille. Certes, cela existe encore, sans doute dans des paroisses privilégiées où il reste des familles : curé de la Madeleine, je vois les familles quitter le quartier et les écoles se vider, voire fermer !

La tradition de la messe dominicale disparaît. Toutefois, il demeure des communautés vivantes et jeunes qui attirent... Les jeunes appellent les jeunes... Sans doute faut-il souffler sur ces braises pour qu'à nouveau le feu s'embrase !

Nous devons soigner la beauté de nos liturgies, la qualité des homélies, l'accueil de nos communautés.

La Covid a été une catastrophe ! Nous avons perdu 30 % des messalisants ! Ces deux mois sans messe ont donné de mauvaises habitudes... La messe à la télévision ne peut pas remplacer la participation active à la liturgie. En disant cela, je ne condamne évidemment pas les messes à la télévision. C'est une grâce pour les malades, pour les personnes isolées. J'ai suffisamment célébré à la télévision ou sur France Culture pour savoir ce que cela apporte à celles et ceux qui n'ont plus la capacité de se déplacer pour aller à l'église.

Dans les sondages, le « pratiquant » est celui qui va une fois par mois à la messe ! Mais la messe est-elle encore un rendez-vous d'amour avec le Seigneur ? Est-elle encore un besoin pour la vie spirituelle ? Certains disent que nous avons désacralisé la messe en supprimant le latin, ce qui est faux ! Ce n'est pas le latin qui est sacré, mais le corps du Christ livré et donné !

Sans doute faut-il reprendre une théologie de la grâce, car dans notre monde, nous avons besoin de la grâce pour nourrir la foi, l'espérance et la charité. Plus fondamentalement, nombre de chrétiens pensent prier Dieu sans passer par l'Église. C'est la notion d'Église qui est remise en cause. Les révélations sur les abus sexuels ont poussé certains chrétiens à prendre de la distance. Cela représente 3 % des prêtres, ce qui est grave et beaucoup trop ! Mais il ne faut pas oublier les 97 % qui sont fidèles ! On aime parler de l'arbre qu'on abat, en oubliant ceux qui poussent sans faire de bruit.

Cette crise est un appel à une purification, sans oublier les victimes que nous avons à accompagner !

L'image de la papauté a bien changé, entre Pie XII avec sa tiare et François, mal engoncé dans sa soutane blanche !

Le pape était considéré comme la personne sacrée qu'on ne pouvait pas trop approcher. Mais chaque pape a imposé ses codes. Déjà saint Jean-Paul II, homme de théâtre, n'hésitait pas à jouer avec sa canne, à la manière de Chaplin ! Avec Benoît XVI, c'était plus sobre.

Quant au pape François, les codes ont volé en éclats ! Comment pouvions-nous imaginer « Sa Sainteté » quittant les appartements pontificaux pour loger à Sainte-Marthe, un hôtel quatre étoiles tout de même, et bien sécurisé ! François a justifié cette réforme pour éviter que le Vatican dépense trop d'argent pour le soigner, étant allergique à la solitude… François aime rencontrer et parler ! C'est pourquoi vous le voyez sortir seul de l'ascenseur pour aller à la chapelle ou à la salle à manger !

Son successeur retournera-t-il dans les appartements pontificaux ? Il est vrai que c'est une prison dorée, protégée de tout… Il ne faut pas être neurasthénique !

Ceux qui ont aimé les pompes romaines sont effectivement désemparés ; mais François parle souvent aux prêtres de cette proximité avec les brebis qui leur sont confiées. Sans doute faut-il trouver un juste milieu. Quelle grâce d'avoir un souverain pontife si proche, pour autant n'allons pas en faire un copain ! Il est le successeur de Pierre et, qu'on le veuille ou non, l'imaginaire collectif demeure et la présence du pape restera toujours un événement.

Revenons en France et retrouvons ce qui reste, car la France n'est plus chrétienne et les fidèles sont une minorité. Vous allez me dire que je manque d'espérance ; mais osons nommer ce qui se passe dans notre beau pays de France, Fille aînée de l'Église devenue d'après le pape François une « grand-mère fatiguée »...

On nous parle des déserts médicaux, mais il y a aussi les déserts spirituels causés par le manque de prêtres et le départ des fidèles vers les villes. Que d'églises vides, souvent fermées pour qu'elles ne soient pas pillées. Les mairies n'ont plus les moyens d'entretenir tous ces bâtiments et l'absence de célébrations ne les encourage pas à investir. Heureusement il y a les amoureux du patrimoine... Mais cela ne remplit pas les églises de fidèles.

Il nous faut inventer une nouvelle évangélisation. Les jeunes sont nombreux, avec leurs talents numériques, à se retrousser les manches. Auparavant, je souhaite souligner l'importance des abbayes, des monastères et des sanctuaires qui demeurent des phares. Dans notre monde si bruyant, comme il est bon de se retirer dans le silence habité par la Présence.

Comme curé de la Madeleine, au cœur de Paris, face à la Concorde et l'Assemblée nationale, l'archevêque de Paris m'a confié la mission de faire de ce temple un lieu qui transpire la tendresse du Christ en nous mettant à l'école de sainte Marie-Madeleine. Certes, l'église est d'abord la paroisse de ce quartier qui perd ses habitants, mais elle est aussi, par son histoire, un lieu d'élection où l'on aime se recueillir et refaire ses forces. Les touristes sont nombreux, les visiteurs entrent et sont ébahis par la grandeur et la richesse de ce bâtiment historique construit pour la gloire des troupes impériales. Une église originale sans vitrail qui crée une ambiance feutrée prompte au recueillement. Puisse le visiteur en ressortir pèlerin de la miséricorde !

Le sanctuaire favorise la rencontre avec le Seigneur. Le visiteur, tel Nicodème, n'est pas connu et parfois n'a pas franchi le seuil d'une église depuis de nombreuses années : mais, à peine entré, le cœur peut se dilater et réveiller ce qui a été semé autrefois.

Osons regarder les chiffres : en 1995, il y avait 28 694 prêtres ; en 2017, 14 786 avec soixante-quinze ans de moyenne d'âge ! En 2021, 14 000… La France perd sept cents prêtres par an. Nous oublions la grande crise de 1970 sur la question du célibat, à l'issue de laquelle plus de quatre mille prêtres en France ont quitté le sacerdoce.

Ces chiffres peuvent nous donner le tournis, mais ils ne suppriment pas l'espérance. Il est prophétique d'espérer des prêtres et surtout de saints prêtres. L'histoire de l'Église a déjà connu de telles heures, avec un clergé qui n'était pas à la hauteur !

Dans cinq ans, combien restera-t-il de prêtres ? Il nous faut envisager une nouvelle façon d'être présents au cœur de la cité. À la manière de saint Louis-Marie Grignon de Montfort, ne faut-il pas prêcher des missions ?

En province, les évêques ont réduit le nombre de paroisses et dessiné de nouveaux secteurs ; cela permet aux prêtres d'être ensemble ! L'image du curé de campagne disparaît. Même si les soutanes réapparaissent ainsi que les bérets noirs couvrant les calvities naissantes !

Ces jeunes prêtres font mon admiration ! En s'engageant au service du Seigneur, ils entrent dans une Église fragilisée, tandis que l'image du prêtre est dévalorisée. Nous le savons, à vue humaine, c'est mal parti ! Mais l'Église a les paroles de la vie éternelle. La sociologie n'est pas la théologie ! Quand on regarde l'Église, il ne faut pas oublier la dimension surnaturelle : il faut savoir loucher ! En regardant l'Église, il faut en même temps contempler la Jérusalem céleste !

Comment faire revenir des jeunes dans nos églises ? Posons-nous la question : qu'attendent-ils de l'Église ? Il nous faut les rejoindre non pas pour nous mettre au goût du jour, mais pour répondre à leurs attentes. Si tant de jeunes participent aux célébrations traditionnelles, c'est qu'ils ont besoin de silence et de surnaturel. Ne faut-il pas relire les enseignements de Benoît XVI sur la liturgie ? J'ai connu des liturgies festives et bruyantes qui ne touchent pas les cœurs. On entre dans un mystère qui nous dépasse ; la liturgie offre un autre temps et un autre espace, loin de la mondanité.

Le silence, un mot-clef pour entrer dans le mystère. Que de bavardages qui encombrent la messe ! Venez et voyez ! Les signes sont là et nous rappellent que nous sommes avec le Christ au Calvaire. « Mon âme a soif de toi[1]. » Est-ce que nos liturgies répondent à cette soif ?

Toute liturgie divine nous dépasse, car elle est le prélude à la vie future, à la vie éternelle. Grâce à la liturgie, le temps terrestre entre dans le temps de Dieu.

Depuis saint Jean-Paul II, la liturgie a bien évolué, Dieu merci ! Et l'enseignement de Benoît XVI nous a recentrés sur l'essentiel. Les fidèles veulent contempler le mystère de Dieu. Les homélies ne sont pas des tribunes sociales ni moralisatrices. Le pape François invite les prêtres à faire des homélies courtes qui touchent les cœurs des fidèles.

En 2010, Benoît XVI n'hésitait pas à dire : « Aujourd'hui l'attitude principale et fondamentale du fidèle chrétien qui participe à la célébration liturgique n'est pas de faire, mais d'écouter, de s'ouvrir, de recevoir[2]. »

Il est nécessaire de lier le terme « sacré » à celui de « mystère » pour éviter de tomber dans un sacré païen. La liturgie ne nous appartient pas. En 1988, le cardinal Ratzinger écrit : « Nous devons reconquérir la dimension du sacré dans la liturgie... Il n'est absolument pas utile que le curé se creuse la tête pour trouver je ne sais quelle idée ou nouveauté riches d'imagination... »

En quarante ans, quelle évolution ! Nos liturgies étaient encombrées par des commentaires et il y avait tellement de signes que tout était devenu insignifiant.

Point n'est besoin d'ajouter des paroles qui encombrent la liturgie. Une liturgie simple et belle touche les cœurs ; cela n'empêche pas les messes solennelles !

On aimait célébrer la vie et avouons que nous nous sommes égarés... Et nous avions oublié que c'est le Père qui est la source ! Un jour, une religieuse a découvert que l'Eucharistie s'adressait au Père ; toute bouleversée, elle se demandait si les messes auxquelles elle avait participé depuis tant d'années étaient valables ! « Mais oui, ma sœur, nous restons en famille… Mais c'est préférable de savoir à qui on s'adresse dans la prière ! »

Ne sombrons pas dans l'horizontalisme. Les fidèles veulent rencontrer Dieu et non un copain !

À côté de la messe, le sacrement de pénitence a lui aussi bien évolué depuis quarante ans. Un sacrement délaissé, tout comme le sacrement des malades. Le psychologue a remplacé le curé… la seule différence est le prix ! Car tout sacrement est de l'ordre de la grâce.

J'ai la grâce d'oublier les péchés des pénitents… Et heureusement, car depuis quatre décennies ma cervelle serait encombrée. Pourtant, je me souviens, comme vicaire général, d'avoir rencontré un prêtre âgé très sourd, qui confessait dans une maison de retraite et qui criait tellement que tout l'étage était au courant des péchés de tel résident. Je dus alors lui enlever les pouvoirs de confession comme me l'avait demandé l'archevêque. La réponse du pauvre prêtre fut : « Ça m'est égal ! Je connais par cœur leurs péchés ! » La dépossession n'est pas facile, même pour les prêtres.

Ça ne se bouscule pas au confessionnal... Les chiens s'y précipitent plus rapidement pour chercher des bombes éventuelles lorsque nous accueillons des personnalités politiques !

Mais la présence gratuite d'un prêtre dans l'église est importante ; il y a des miracles de conversion. Ne passons pas à côté d'une telle rencontre.

Célébrant un mariage dans le sud de la France, j'ai pris l'avion, et, au retour, un jeune steward s'approche de moi et me dit, voyant mon costume : « Vous êtes prêtre ? » À peine ai-je répondu, qu'il me demande si je pouvais le confesser. « Oui, bien sûr ! nous trouverons à Orly un coin tranquille. – Non, mon père, tout de suite si possible ! » J'ai cru que l'avion allait s'écraser... Et, à mon tour, je cherchais un prêtre dans l'avion... Ce jeune a laissé ses confrères au service et, au fond de l'avion, à genoux, il s'est jeté dans les bras de la miséricorde. Confesser à dix mille mètres d'altitude... Je ne l'ai fait qu'une fois !

Les visiteurs sont étonnés de nous voir en aube et étole. « On confesse encore ? »

Et cependant, que de pénitents au Sacré-Cœur, à Saint-Louis-d'Antin, à Saint-Sulpice ! Ce sont des lieux de grâce. La présence du prêtre en étole est comme une sentinelle de l'espérance ; il n'y a pas de situations désespérées ! Le pape François nous encourage à être ces témoins de la miséricorde. Le confessionnal n'est pas un lieu de torture ! Point de voyeurisme ! Nous ne sommes pas là pour mettre la tête du pénitent sous l'eau. Dieu t'aime comme tu es ! Un confesseur devenu cardinal à plus de quatre-vingts ans terminait sa journée devant le saint sacrement et disait : « Pardonne-moi, Seigneur, si j'ai trop pardonné, mais tu m'as montré le mauvais exemple ! »

« Qui suis-je pour juger ? » Le confesseur est là pour remettre sur le chemin de la sainteté.

Le sacrement de la réconciliation s'appuie sur la Parole de Dieu ; il n'est plus réduit à une liste de péchés, mais à un regard de Dieu sur nos vies !

L'autre sacrement de la guérison est appelé sacrement des malades. Pour beaucoup, ce sacrement est encore appelé « l'extrême-onction »... Ce qui n'encourage pas à le recevoir. Ce sacrement fait peur ! La venue du curé revêtant l'étole violette, avec son rituel et la fiole d'huile des malades nous rappelle que c'est le moment de se préparer à voir le Bon Dieu !

« Mon père, si vous venez, elle va croire que c'est fini ! », comme si le curé était celui qui allait achever le moribond. Je suis témoin de la grâce de paix et de la force intérieure pour vivre ce moment essentiel de la vie.

Même en Église, ce n'est pas simple. Un aumônier bien malade résidant chez les religieuses attendait en vain ce sacrement... Les religieuses n'osaient pas appeler un prêtre pour le lui donner ! Un peu plus de simplicité et de charité...

Arrivant en urgence à l'hôpital Ambroise-Paré pour un début de méningite, j'ai demandé l'aumônier pour recevoir le sacrement des malades, avant la ponction lombaire, plus douloureuse que la grâce sacramentelle.

Il nous faut repenser une catéchèse sacramentelle ; pourquoi ne pas profiter des grâces divines dans un monde difficile ?

Les préparations sacramentelles sont une richesse. L'Église a beaucoup investi sur les préparations au mariage et au baptême. Le catéchuménat est le signe d'une communauté appelante. Accompagner de jeunes adultes vers le baptême est une joie indicible. Cela rajeunit notre grâce baptismale et réveille notre désir de sainteté.

Ne cherchons pas à faire du chiffre, mais à faire fructifier ce qui reste. L'Église a besoin de saints et non d'officiers recruteurs ! Laissons aussi travailler l'Esprit-Saint !

Je terminerai ce chapitre par les fidèles laïcs qui sont au service de la mission. Ah ! ce mot de « corresponsabilité » qui a fait couler beaucoup d'encre et qui fut la source de nombreux conflits…

Un curé est entouré de conseils, pastoral et économique ; il travaille avec des catéchistes, des équipes, des salariés…

J'ai toujours pensé que, si les prêtres et les laïcs étaient des serviteurs du Seigneur, il n'y aurait plus de conflits.

Quelle évolution depuis cinquante ans ! Le curé faisait tout et était seul maître à bord. Heureusement les laïcs peuvent à présent mettre leurs compétences au service de la paroisse. Je pense aux économistes, aux architectes, aux responsables de la sécurité… Le curé demeure responsable de la vie paroissiale, mais, aidé, il peut s'occuper d'abord de la pastorale.

Le prêtre habite son église, car c'est là où se passent les rencontres ! Comme aimait le dire saint Jean-Paul II : « On veut voir Jésus à travers vous. » Cette exhortation de ce saint pape m'habite toujours quand j'accueille au fond de l'église, quand je suis au confessionnal, quand je célèbre la messe, un mariage, un baptême ou des obsèques… Parfois la fatigue est là, les tensions se font sentir et il est préférable de prendre un temps de repos.

Du fait du petit nombre de prêtres, nous sommes très sollicités, mais on oublie que nous sommes limités… Et accepter ses limites est le signe d'une maturité.

J'ai toujours apprécié cette coresponsabilité. J'ai été obligé de faire deux plans de licenciement, au Sacré-Cœur de Montmartre et à Notre-Dame de Paris après l'incendie. Deux moments difficiles où, Dieu merci, j'ai été aidé par des professionnels. Je voulais mettre un peu de charité dans tout cela, mais j'entends un de mes responsables économiques me dire : « Mon père, ne mettez pas de la charité, mais de la justice… » Il avait sans doute raison. Mais j'ai ajouté un peu d'amour… Le curé peut être un peu têtu !

Le pape François dénonce le cléricalisme des clercs comme des laïcs. C'est une véritable maladie qui provoque jalousie, volonté de puissance. Là où il y a de l'homme, il y a de l'« hommerie ! »

Pensons à celles et ceux qui découvrent nos communautés ! Le cléricalisme fait fuir, l'amitié attire. Le péché divise, la communion unifie et rayonne.

Je rends grâce pour tant de dévouement ! Que de générosités qui permettent de laisser les églises ouvertes et de célébrer des sacrements. Que de générosités pour entretenir nos églises, pour les fleurir… L'Église n'est pas morte, elle est bien vivante !

Quelle tristesse de voir des petites églises abandonnées, parfois vendues parce que la commune ne peut plus les entretenir… Quelle image donnons-nous de la vitalité de nos communautés ? Les fidèles, même si ce ne sont pas des punaises de sacristie, sont attachés à leur église attenant au cimetière ! C'est leur histoire, c'est l'histoire de notre beau pays de France.

La morale, une révolution !

Ma génération a connu la contraception, la légalisation de l'avortement, la GPA, les fivètes, les suicides assistés ou, dit autrement, l'euthanasie, les mères porteuses, le mariage pour tous… Et l'Église sans cesse a rappelé son enseignement, défendant la vie et la compassion.

La morale n'est pas le fait d'un individu, mais elle surgit au cœur d'une communauté. Le monde ne naît jamais de génération spontanée : la morale fait mémoire de la sagesse des peuples et des anciens. Il y a un certain progrès de la conscience morale de l'humanité, comme le refus théorique de l'esclavage, l'égale dignité des hommes et de leurs droits ; c'est refuser ainsi toute théorisation du racisme, de l'esclavagisme et du sexisme.

Mais on observe aussi des reculs de la conscience morale, comme la législation française concernant les lois sur la bioéthique qui s'expriment sur le statut juridique de l'embryon. Ce dernier est considéré de plus en plus comme un objet de droit plutôt qu'un sujet de droit.

C'est là une adaptation à la réalité sociologique ou au désir et aux intérêts de certains groupes. Depuis la fin de l'esclavagisme, l'homme peut à nouveau se rendre propriétaire d'un autre homme.

Dieu merci, les chrétiens demeurent libres face à ces évolutions, mais ils sont marqués par cet environnement. C'est le magistère de l'Église qui nous montre le chemin : il s'agit d'être fidèle à la volonté du Seigneur.

Dans son travail éthique, le magistère exerce une triple fonction.

D'abord une fonction prophétique : à temps et à contretemps, sans armes, le magistère exerce une autorité morale sur l'humanité et sur le peuple de Dieu. Saint Paul VI aimait dire que l'Église est experte en humanité.

Je me souviens des débuts difficiles au moment de la parution de l'encyclique *Humanae vitae*[1] qui dénonçait toute contraception artificielle. À vrai dire, de nombreux couples catholiques n'ont pas lu ce texte et surtout n'ont pas attendu le pape ! J'ai souvent constaté ce décalage entre les textes des souverains pontifes et la vie des catholiques qui lisent, mais qui ne retiennent que ce qu'ils veulent ! Le pape pense bien quand il pense comme moi ! Il déraille quand il me remet en question ! Tout comme les évêques, s'ils parlent, on leur demande de se taire, et, s'ils sont silencieux, on leur demande de parler !

Ainsi le magistère prophétique a ses limites et apparaît souvent insignifiant et peu efficace.

Ensuite une fonction sapientielle, qui doit éclairer les situations nouvelles et, dans la mouvance de l'Esprit, doit contribuer à les moraliser, c'est-à-dire à les mettre en Christ, à travers leurs sens dans le plan du Salut divin.

Enfin la fonction royale, qui fixe avec autorité un certain style de vie chrétienne.

Est-ce que nous subissons les lois votées à la Chambre, ou avons-nous encore notre liberté ?

On ne peut pas nier les conditionnements culturels et moraux. Ce qui était interdit hier est autorisé, voire encouragé. Notre difficulté, ce sont les points de repère qui bougent. J'admire les parents qui transmettent ces valeurs qui permettent d'avancer sans trop s'égarer. Comment former la conscience ? Elle se transforme, elle évolue, elle s'affirme, s'éduque, mais elle peut aussi se détériorer. Elle subit les contrecoups de l'existence personnelle.

Lorsque j'étais en fin de collège, nous avions un cours sur la conscience… Heureux temps ! Mais nous avons oublié que notre conscience est fragile. Voulons-nous persévérer vers le bien ? Le péché perturbe le fonctionnement de la conscience et rend plus difficile la perception du bien à faire.

Il y a aussi la conscience faible qui ne résiste pas à l'exemple d'autrui. Mais quelles sont les personnalités que les jeunes prennent comme exemples ?

Notre conscience est fragile, mais elle est belle ! Tout ce qui n'est pas fait en conscience est de l'homme sans être humain. Il faut dire que, pour bon nombre, nous ne faisons plus notre examen de conscience, et que nous désertons le sacrement de la réconciliation.

Personnellement je suis trop attaché à ma liberté et je n'accepte pas que l'on pense pour moi ou qu'on me dicte ce que je dois faire. Ma conscience seule assume ma vie. Je dois prendre le temps de discerner avant de décider. Ne pas le faire, c'est démissionner de l'humain qui est en nous. L'homme doit obéir à sa conscience informée ; l'homme ne peut aller contre sa conscience qui est le lieu privilégié de rencontre entre l'homme et son Dieu.

Quand il nous arrive de parler de morale, les fidèles se raidissent : « De toute façon, l'Église dit non ! » Sans doute à cause des médias, mais aussi de nous, prêtres, qui ne prenons pas le temps d'expliquer les encycliques.

La morale a envahi pendant des années les mémoires, à tel point qu'elle était synonyme d'Église ; on n'hésitait pas à dire que la religion est une morale. Il faudra du temps pour évacuer ces idées préconçues. Peut-être faut-il rappeler que, de l'Antiquité jusqu'au Moyen Âge, la morale était comprise comme la réponse à la question du bonheur. La loi était conçue comme œuvre de sagesse et non comme une contrainte volontaire.

À partir du XIVe siècle, la morale se concentre sur les obligations et les interdits imposés par la loi. Il n'y a plus de place pour le bonheur. Le grand responsable est le philosophe Kant (1724-1804) qui a critiqué *les systèmes* qui font entrer la considération du bonheur dans l'intention morale et les prennent pour fin.

Nous sommes marqués par cela et nous avons du mal à en sortir. Ne constatons-nous pas souvent que la loi morale réclame de nous le renoncement au bonheur qui se présente sous la forme du plaisir ?

N'avons-nous pas aussi le sentiment que le souci du bonheur risque d'introduire dans notre vie un ferment d'égoïsme capable de vicier nos meilleures intentions ?

Finalement, peut-on être moral sans sacrifier le bonheur ? Peut-on être heureux sans perdre ses libertés envers la morale ?

J'ai été élevé un peu comme cela ; le mot « devoir » arrivait souvent dans la bouche de ma mère ; ce fut d'ailleurs son dernier mot avant de rencontrer le Seigneur. En effet, elle me demanda ce que je faisais, alors qu'elle était déjà à moitié inconsciente, et je lui répondis que je disais mon chapelet ; et elle a achevé à voix basse : « Tu ne fais que ton devoir ! »

Mes études de théologie m'ont rappelé combien le bonheur était fondamental et que nous n'avions pas besoin de souffrir pour devenir des saints !

Il nous faut faire une révolution pour passer de l'interdit et des obligations au bonheur. Je pense que le discours du pape François n'est pas toujours compris, précisément à cause de cela ! Nous préférons les bornes même si elles nous agacent. C'est plus sécurisant ; mais quel chemin de liberté ?

Le pape François refuse de nous enfermer dans cette morale de l'interdit ; à chacun de faire son chemin, avec son histoire de péchés et de grâces. Dieu nous prend là où nous en sommes parce qu'Il nous aime comme nous sommes.

Le pape s'appuie sur la morale des vertus et des dons ; c'est un retour à la théologie augustinienne et à saint Thomas d'Aquin.

Depuis des années, je tente un tel déplacement. Nos jeunes ne supportent pas les discours moralisateurs ; ils veulent faire le chemin pour atteindre la sainteté, source de bonheur.

Une science morale qui aborde directement la considération du bonheur, comme une question décisive pour l'orientation de la vie dans son ensemble est séduisante. Elle s'organise en prenant appui sur les principales vertus qui fortifient la liberté et perfectionnent l'agir, sans négliger pour autant l'excuse des défauts contraires, les vices et les péchés.

La confession a bien évolué. Je pense à mes confessions où, à genoux sur le prie-Dieu, je parcourais la liste de péchés souvent inconnus pour un jeune adolescent en 1960. Un jour, pour changer ma liste, j'ai confessé le péché d'adultère... Mon confesseur m'a dit avec humour : « Non... Celui-là, vous ne l'avez pas commis. »

Aujourd'hui, la confession est devenue un dialogue ; le rituel invite le fidèle à s'appuyer sur un texte de l'Écriture pour mettre sa vie sous le regard de Dieu. Le pape François m'a conforté dans ma façon de confesser. Je partage avec vous quelques-unes de ses citations :

« Chaque fois que nous nous confessons, Dieu nous embrasse, Dieu fait la fête ! » « La confession ne doit pas être une torture, mais tous devraient sortir du confessionnal avec la joie dans leur cœur[2]. »

Voici ce qu'il dit aux prêtres : « Je vous demande d'être toujours miséricordieux ; de ne pas charger sur les épaules des fidèles des poids que ni eux, ni vous, ne pouvez porter[3]. »

Et François de nous prodiguer des conseils pour être de bons confesseurs : « Le bon confesseur est avant tout un véritable ami de Jésus... Être ami de Jésus signifie avant tout cultiver la prière. Un confesseur qui prie sait bien qu'il est lui-même le premier pécheur et le premier pardonné.

« Le bon confesseur est un homme de l'Esprit, un homme du discernement. Enfin, le confessionnal est un véritable lieu d'évangélisation. Rencontrer la miséricorde signifie rencontrer le vrai visage de Dieu, tel que le Seigneur Jésus nous l'a révélé. »

« La confession n'est pas un jugement ni une teinturerie, mais la rencontre avec un Père qui pardonne toujours… Il n'existe pas de péché qu'il ne pardonne pas. »

Enfin : « Je vous demande de quitter le fouet pendu dans la sacristie et d'être des pasteurs de tendresse[4]. »

Pardonnez toutes ces citations mais elles continuent de nourrir ma prière et m'encouragent à demeurer au confessionnal pour accueillir les pécheurs. Le confesseur a tout entendu et ne s'étonne de rien !

« Il n'y a pas de saint sans passé et il n'y a pas de pécheur sans avenir. » Le plus important est l'avenir ! le psychologue interroge le passé, je préfère parler de l'avenir. Certes, il y a parfois des « nœuds psychologiques », mais ce n'est pas le travail du confesseur, c'est celui du psy ! Ce dont je suis sûr, c'est que le confesseur doit accompagner pour aider le pénitent à poursuivre son chemin à la suite du Christ.

Le pénitent sait ce qui est interdit sinon il ne viendrait pas recevoir le pardon. En revanche, il veut essayer de s'en sortir avec ce qu'il est, avec son histoire, et il a besoin d'un conseil et non d'un jugement. Il faut prendre le pénitent là où il en est et ne pas imposer des fardeaux qui deviennent de fausses culpabilités. Oui, le confesseur doit invoquer l'Esprit-Saint, car il met les pieds là où les anges ne vont pas, pour reprendre le curé d'Ars.

Mais le pénitent attend plus ; il veut se convertir et notre devoir est de rappeler ce que Dieu attend de lui. Il faut proposer un entraînement et lui rappeler que la sainteté, c'est de tomber et se relever.

Mon professeur de morale me disait : « Ne vous contentez pas de dire "c'est interdit", mais bien plutôt d'accompagner ! » Notre ministère est devenu plus délicat, mais plus passionnant.

Nous touchons un point délicat, la collaboration étroite entre la grâce et la liberté.

Le confesseur n'a pas de réponses toutes faites. Il doit prendre le temps de travailler les questions morales qui se posent aujourd'hui.

Au moment où j'écris ce livre, la loi sur les suicides assistés n'est pas encore votée, mais que proposons-nous face à l'euthanasie ? Les soins palliatifs sont la meilleure réponse. Je rappelle que nous gardons toujours notre liberté. Personnellement, je ne veux pas être piqué ! Je veux vivre ma mort comme une pâque, avec les angoisses de l'agonie.

Mon ministère m'a conduit auprès de malades se préparant à la rencontre. Jamais je n'ai été rejeté. Le malade souvent joue la comédie devant ses proches, mais au fond de lui, il sait que la mort s'approche. Ce sacrement des malades permet d'être dans la vérité, de faire le point avec son Seigneur et de lui dire : « Me voici, Seigneur, je m'offre à toi. »

J'ai ainsi accompagné un bon chanoine breton qui avait refusé l'acharnement thérapeutique et qui se préparait à voir Dieu. Dans ses derniers jours, je dormais dans son bureau. Un matin, très tôt, je prie avec lui l'office des laudes ; c'était la fête de la Transfiguration. Au moment des intentions, je lui demande de s'exprimer et il me confie qu'il voudrait partir aujourd'hui. C'est ce que nous avons demandé en toute confiance au Seigneur, en ajoutant que la volonté de Dieu se fasse.

Après un bon moment de silence, le vieux chanoine me dit : « Je vois le pape Paul VI qui vient me chercher. » Que venait faire ce saint pape ? C'était l'anniversaire de sa mort ! Le père est trépassé le soir de cette fête, avec un visage transfiguré, accompagné par ce grand pape. J'ai toujours cru en la communion des saints… J'en ai reçu ce jour-là une des plus belles preuves !

Derrière toutes ces questions morales, je suis témoin de souffrances, de détresses, et le pasteur ne peut pas rester insensible. Que de couples traversent des épreuves, que de fidèles se sentent rejetés par l'Église, que d'incompréhensions !

Le pape François, pasteur avant tout, avance prudemment sur toutes ces questions, tout en rappelant l'enseignement de l'Église. Il faut parfois faire de grands écarts qui ne sont pas toujours compris par les fidèles, voire par certains évêques. Faisons confiance au pape en essayant de comprendre ce qu'il veut partager avec nous.

C'est clair que, pour lui, tout le monde a sa place dans l'Église, pécheurs et saints ! Le temps des excommunications est terminé ; le pasteur doit accueillir et proposer un chemin de Salut en tenant compte des histoires personnelles.

Notre Dieu n'est pas moralisateur ; il n'est pas venu nous donner des leçons, mais bien nous sauver. Cela ne l'empêche pas de se mettre parfois en colère, mais cela fait partie de sa pédagogie. Attention aux donneurs de leçon qui justifient ainsi leur conduite peu morale.

Notre-Dame, la toute belle

Sur mon bureau, il y a la photo représentant le cardinal Vingt-Trois me remettant les clefs de la cathédrale, et dans mon cœur sont encore gravées les paroles de l'archevêque : « Patrick, ouvre grand les portes de Notre-Dame. »

C'est ce que j'ai essayé de faire durant six ans, même si les trois dernières, il a fallu reconstruire ce chef-d'œuvre du patrimoine.

J'ai déjà écrit deux livres sur le recteur de Notre-Dame qui est à la fois un pasteur et le patron d'une PME. Que de souvenirs merveilleux, mais aussi très douloureux au moment de l'incendie. Mon premier souvenir, c'est cette solitude dans la cathédrale, face à la statue de la Vierge installée sur le pilier. Ce grand silence où les pierres parlent, mais où les petites souris traversent la nef sans faire de génuflexion devant le saint sacrement. Combien de « Je vous salue, Marie », de chapelets égrenés, de visages tendus vers le regard de tendresse de Marie, de cœur à cœur, de pleurs, de détresses présentées en toutes les langues.

Comme je l'ai dit à Mme Trump et à Mme Macron au début de la visite de Notre-Dame : « Voici la première dame du monde ; c'est la maîtresse de la maison. »

Après l'incendie, la statue est allée à Saint-Germain-l'Auxerrois, là où la cathédrale s'est repliée, mais en laissant la cathèdre pour rappeler au pays que, même blessée, la cathédrale demeure le cœur du diocèse de Paris et qu'elle ne deviendra pas un musée.

Mais comment oublier cette soirée infernale de ce lundi saint, le 15 avril 2019 ! J'étais sur le parvis, désemparé, incapable d'agir, fixant les yeux sur cette façade qui menaçait de s'écrouler.

Notre-Dame qui accueillait plus de dix millions de visiteurs, dont certains devenaient des pèlerins, touchés par la grâce de la Vierge du pilier, avec des liturgies superbes, risquait de disparaître.

Six heures d'attente, six heures de questions sans réponses, avec le drame qui se profile. Au loin, j'entendais les chants de tous ces jeunes à genoux qui suppliaient Marie de protéger sa demeure.

J'étais bien entouré par la maire de Paris, l'archevêque, le président de la République et son épouse, le Premier ministre, le préfet de police... Le général Gallais, le patron des pompiers, qui me tenait au courant de l'avance du feu ; il ne m'a pas ménagé.

À 23 heures, le président est revenu et le feu avait pris dans l'une des tours, inaccessible. Si elle s'écroulait, elle entraînerait l'autre tour et la cathédrale tomberait comme un château de cartes.

Le général a interrogé Emmanuel Macron pour évoquer cette situation : faut-il envoyer au feu des pompiers qui risquent leur vie ou abandonner le combat ? Le général ne se sentait pas le courage d'envoyer des jeunes pompiers, mais, sur l'ordre du président, il a trouvé des volontaires pour escalader cette tour. Le général me dit : « Ils ont vingt-cinq minutes pour tenter de sauver la cathédrale ; regardez la façade tant qu'elle est là ! » Ces minutes furent bien longues ! Grâce aux pompiers, le feu s'est enfin arrêté. Je pense encore aujourd'hui au courage et au professionnalisme de ces soldats du feu.

Autorisés à entrer, le couple présidentiel et moi-même, nous nous sommes approchés du portail, en restant sur le seuil. Devant cet échec apparent, deux signes : la croix glorieuse au fond du chœur, au-dessus de la Pietà ; et la Vierge du pilier, du XIVe siècle, debout, rayonnant de lumière, miraculée, entourée au sol par les pierres de la voûte ! Elle aurait dû disparaître. « La Mère de Jésus était là. »

Le président m'a montré la croix glorieuse, je lui ai montré la Vierge transfigurée… Puis, en silence, nous avons regardé le triste spectacle apocalyptique ; les pluies de plomb en fusion, les chaises renversées, les boiseries recouvertes d'eau pour les protéger, l'orgue noyé et, dans la crypte, nos archevêques en repos qui attendent la résurrection des morts…

Pendant ces longues heures, on a pu sauver le trésor, la couronne d'épines et le saint sacrement. Ils ont passé la nuit dans l'un des salons de la mairie de Paris… La maison commune a ouvert ses portes pour accueillir le mystère de la Rédemption ! Comme quoi le feu peut purifier la relation entre la laïcité et la religion, au moins pour une nuit.

L'incendie éteint, la maire de Paris m'a proposé une chambre d'hôtel ! Mais j'ai préféré rester chez moi, même si la nuit fut courte. Le matin, sur le parvis, seul avec les pompiers qui surveillaient l'édifice, je me suis dit : « Que reste-t-il à l'archevêque et à son recteur ? » La foi et l'espérance et, croyez-moi, j'en ai posé des questions au Bon Dieu, et sa seule réponse fut le silence !

Quelques jours après l'incendie, nous étions convoqués à l'Élysée pour écouter le président qui a surpris son auditoire, à savoir la Culture, la Direction régionale des affaires culturelles, les hauts fonctionnaires, en annonçant la nomination du général Georgelin, inconnu pour bon nombre, qui venait de quitter la Légion d'honneur et qui attendait une mission. La Culture avait déjà fait des plans... Trop tard ! Le général, présent, a pris la parole : « Nous avons cinq ans pour redonner la cathédrale à l'archevêque. Je suis un homme de terrain, non de commissions ! Dès demain, on me trouvera sur le terrain... »

Ce matin, à 5 h 30, je reçois un coup de téléphone du général : « Monseigneur, avez-vous dit vos matines ? »

Tambour battant, je saute de mon lit, pour me mettre au « garde-à-vous » ! Voilà une première rencontre décisive.

Durant les premiers jours, nous nous sommes testés. Il trouvait que j'étais trop présent dans les médias... Je me suis effacé pour qu'il trouve sa place. Ensuite est née une confiance, puis une amitié. Mort tragiquement, il ne verra pas sa cathédrale restaurée ! Il a mené une véritable guerre, et les ennuis étaient nombreux : le plomb, les écologistes, l'inspection du travail, les anti et les pro-Viollet-le-Duc, les anciens et les modernes, les archéologues, les commissions, même si c'était son bras droit, qui lui a d'ailleurs succédé, qui y siégeait. « Oui, monseigneur, je mène une véritable guerre ! » Et je lui répondais : « Mon général, vous verrez, vous terminerez maréchal de France ! » Il souriait et ne disait pas non ! Je pense que le Seigneur, à son arrivée au ciel, lui a donné ce bâton bien mérité. Il aimait son titre de général ; c'était sa force ! Mais, malgré sa voix que toute l'île de la Cité entendait, il manifestait de la délicatesse envers tous ceux qui travaillaient à la reconstruction avec amour et fierté. Des architectes à ceux qui nettoyaient le chantier, tous étaient salués et même encouragés. Oh ! cela ne l'empêchait pas de pousser des coups de gueule qui réveillaient tout le monde !

Je le voyais souvent à Saint-Germain-l'Auxerrois en fin d'après-midi, avant les vêpres. Il se recueillait en silence devant la statue de la Vierge. Après sa dévotion, nous nous saluions : « Monseigneur, si nous réussissons, ce sera grâce à elle ! » À la fois un peu dominant et d'une grande humilité spirituelle ! Je ne suis pas là pour le canoniser, mais pour faire mémoire de cette belle figure qui était devenue un ami.

Quand je fus nommé à la Madeleine, la paroisse de l'Élysée, il venait le dimanche à la messe : « Mon bureau est au palais, la Madeleine est ma paroisse ! » Avec beaucoup de cordialité il m'invitait à l'Élysée tous les deux mois pour un déjeuner amical, même si je ne suivais plus les travaux de Notre-Dame ! Son bureau était l'ancien oratoire du palais. J'avais bien vu que les prie-Dieu étaient au Mobilier national. Le général y était heureux, avec une vue sur la cour intérieure, qui lui permettait de retrouver son ancien poste de chef d'état-major particulier du président de la République.

Cette amitié entre nous réveillait nos côtés cabotins ; à peine installé dans le bureau, le général criait : « Garde ! » et la porte s'ouvrait comme s'il était juste derrière… Un côté Ionesco dans *Le roi se meurt*. Un fou rire résonnait alors dans tout le palais, qui devait faire pâlir d'envie tous ces fonctionnaires qui doivent parfois s'ennuyer comme des rats morts !

Tel un diplomate, il aimait faire parler, notamment pour comprendre les décisions de l'Église. Après mon départ de la cathédrale, j'ai été interviewé et le journaliste voulait me faire dire que la décision du nouvel archevêque était injuste. Et moi, je me suis situé sur le registre de l'obéissance et donc de la liberté spirituelle. Le nouvel archevêque voulait son équipe et c'est normal, même si ce fut brutal ! En plein juillet, le général me téléphone en me disant « bravo et merci pour votre attitude »... Moi qui n'ai pas fait mon service militaire !

Quelques jours avant son accident de montagne, il m'a téléphoné pour me féliciter d'avoir été promu officier de la Légion d'honneur... Je sais que c'était sincère... Peut-être avait-il été interrogé. Ce fut notre dernier échange.

Pardonnez-moi d'avoir été si long sur cette belle figure, mais la cathédrale lui doit tellement !

Revenons sur ces trois années : la Covid, les églises vides, des fidèles quelque peu déboussolés, le télétravail, les réunions en vidéo, qui étaient pour moi une source d'angoisse : soit j'avais l'image, mais pas de son, soit l'inverse... Un vrai handicap qui m'a empêché de participer à un bon nombre de réunions. Et finalement j'en rendais grâce ! Ces trois années furent difficiles pour le pasteur que je suis.

Pendant ces longs mois, c'est l'espérance qui va me porter. Tous les jours, je vais voir la Vierge du pilier. La phobie du plomb ne sévit pas encore ! J'accueille des personnalités politiques, diplomatiques, religieuses qui viennent se recueillir. Seul, le président de la République italienne a récité un *Ave Maria*. Cette solidarité internationale fait du bien au cœur ; elle nourrit l'espérance.

Permettez-moi de citer Bernanos, dans *La Liberté, pour quoi faire ?* : « Pour rencontrer l'espérance, il faut être allé au-delà du désespoir. Quand on va jusqu'au bout de la nuit, on rencontre une autre aurore... L'optimisme est une fausse espérance à l'usage des lâches et des imbéciles. L'espérance est une détermination héroïque de l'âme ; la plus haute forme de l'espérance, c'est le désespoir surmonté[1]. »

L'incendie n'a pas arrêté le temps et, le vendredi saint, nous étions à Saint-Sulpice et j'attendais la couronne d'épines, protégée dans un coffre du Louvre. Sur le parvis, je vois arriver une voiture noire précédée par deux motards. Je me précipite pour accueillir la première dame... Et, surprise, c'était la couronne ! Le moment ne manque pas d'humour. Le Seigneur quasi seul au Golgotha et, aujourd'hui, sa couronne déambulant dans Paris dans un fourgon blindé et escorté par les motards de la Garde républicaine.

Durant ces trois années, comme recteur d'une cathédrale blessée mais toujours debout, il a fallu subir des attaques, celle du plomb qui a ralenti le chantier, la Covid qui a arrêté temporairement les travaux, les archéologues qui ont trouvé des tombes de chanoines, et j'en passe ! Le général pensait que les fouilles iraient vite, mais il ne connaissait pas ce travail de fourmi ! À genoux, avec leurs pinceaux et leur balayette, les archéologues nettoient, mesurent, prennent des photos... J'ai connu cela en Syrie ! Tous prennent leur temps sauf le général ! Un jour, Madame la ministre de la Culture a voulu voir les sarcophages retrouvés ; dialogue mouvementé entre Mme Bachelot et le général Georgelin qui s'est achevé par : « Dans trois semaines, vous terminerez, car le chantier ne peut plus attendre ! » La ministre souriait, peu touchée par ces menaces ! Quant à moi, j'ai souhaité bénir les sarcophages qui quittaient leur dernière résidence depuis des siècles pour faire un voyage vers Toulouse ! Et voilà qu'à trois mois de la réouverture de la cathédrale on annonce que le corps retrouvé dans l'un des sarcophages serait celui du poète Joachim Du Bellay mort en 1560 à Paris. Comment aurais-je pu imaginer bénir ce poète que j'ai commenté lorsque j'étais professeur de lettres en seconde, il y a plus de cinquante ans ? Merci aux archéologues de m'avoir permis de bénir le corps d'un poète reconnu. Comme Ulysse, depuis plus de 464 ans, quel voyage dans l'éternité !

« Quand reverrai-je hélas de mon petit village, fumer la cheminée… »

Il n'a pas revu son petit Liré, mais est parti pour la Ville rose ! Les recherches terminées, reviendra-t-il à Notre-Dame ? Peut-être au Panthéon ? Et pourquoi ne retrouverait-il pas sa douceur angevine ?

Cher Joachim, grâce aux fouilles, vous me rappelez ces belles années où j'avais tant de joies à transmettre la beauté de vos vers !

Il a fallu deux années pour sécuriser le monument. Dès le lendemain de l'incendie, les compagnons du devoir ont mis des étais, enlevé les statues de pierre qui étaient au-dessus des pignons qui bougeaient. Il fallait enlever les pierres jonchant le sol pour en récupérer quelques-unes ; déposer les vitraux, mais en laissant les trois rosaces intactes, Dieu merci ! Démonter le grand orgue avec ses 8 200 tuyaux. Le Louvre est venu chercher les fameux Mays, ces grands tableaux commandés chaque année entre 1630 et 1707 par la corporation des orfèvres en hommage à la Vierge Marie ; tous intacts, mais le Louvre en profitera pour les nettoyer.

Le plus difficile fut l'échafaudage calciné, plus de 300 tonnes, qui menaçait de tomber sur la cathédrale. Beau et dur travail des cordistes qui ont découpé chaque tube au chalumeau. L'échafaudage enlevé, on a pu se rendre compte de l'ampleur des dégâts au niveau des voûtes.

Très rapidement, on a fait des essais pour le nettoyage des peintures qui se trouvent dans le déambulatoire. Les pierres retrouvent la blancheur d'antan.

Tout le monde travaille, les architectes en tête, sous la houlette du général.

Quant à l'enquête pour déterminer l'origine du feu, elle a duré plusieurs mois… Sans doute un problème d'électricité !

Le diocèse est présent dans le conseil de l'Établissement public. C'est l'État qui est propriétaire de la cathédrale et qui en est le maître d'œuvre.

L'Église est affectataire ; ce chef-d'œuvre demeure le lieu de la cathèdre. L'archevêque célèbre une ou deux fois, casqué, pour montrer que c'est toujours sa cathédrale et qu'elle ne sera jamais un musée… Pour autant, le culte et la culture ne s'opposent pas. Demeure la question du réaménagement du parvis qui appartient à la Ville de Paris. Un concours a été organisé ; je faisais partie du jury. Mais les travaux ne commenceront qu'en 2025 !

Heureusement, il y avait la communauté paroissiale et j'étais heureux d'accompagner les fidèles, de donner le sacrement du pardon et de célébrer quelques baptêmes ! Mais le territoire paroissial se vide de plus en plus, tout comme autour de la Madeleine ! Que vont devenir ces églises du centre historique de Paris ? Je sais que l'archevêque y réfléchit. L'accès en voiture devient impossible, les loyers sont hors de prix et les commerces se retirent. Seuls quelques restaurants nous accueillent, mais il faut avoir un bon portefeuille et surveiller son cholestérol et son diabète. Pourtant, que ce quartier est beau ! J'aime Paris et j'ai la grâce de ne pas voir ce qui pourrait m'agacer.

Il est vrai qu'à Paris on peut changer de paroisse facilement ; il suffit de changer de trottoir pour découvrir une nouvelle église. Certaines d'entre elles sont appelées « églises d'élection ». On aime le lieu, les orgues, la liturgie, peut-être même le curé ! Oui, ça existe ! Mais le diocèse de

Paris pourra-t-il tenir toutes ces églises qui sont les unes contre les autres ?

Regardez la Madeleine... Elle est entourée de Saint-Augustin, Saint-Louis-d'Antin, Saint-Philippe-du-Roule... Et le territoire paroissial ne compte que 5 000 habitants. C'est devenu un quartier de bureaux, de beaux magasins, d'ambassades... Et malheureusement plus beaucoup de familles !

Durant ces années, j'étais le curé du chantier. J'aimais saluer la sécurité, les compagnons du devoir, ceux qui venaient se confier à moi. Un agent de la sécurité, heureux de m'annoncer que sa femme allait accoucher, fut surpris quand je lui ai demandé s'il avait appris à changer des couches ; il me répondit que c'était l'affaire des femmes ! Même s'il était un bon musulman, je lui ai rappelé la place du père dans un couple. Son sourire était toujours là ; sans doute étonné du conseil du curé de Notre-Dame.

Pour nos amis africains, j'étais « papa ». Au retour des congés, j'avais droit à quelques petits cadeaux qui montraient leur attachement à la cathédrale. Je n'oublie pas ces babouches marocaines, ces pâtisseries du Moyen-Orient...

Parfois, il fallait remonter le moral des troupes, surtout après la Covid. On se retrouvait tous autour d'un repas. Ce chantier a permis à de nombreux jeunes de découvrir des métiers qui permettent de restaurer notre patrimoine.

Nous avons commencé à travailler le mobilier liturgique, les célébrations, la gestion des flux, le réaménagement du parvis. Le chevet est très abîmé, les arcs-boutants se détachent, que de pierres au sol…

Bien avant, dès mon arrivée comme recteur, j'ai pris mon bâton de pèlerin pour chercher quelques mécènes et j'ai vite compris que Notre-Dame avait une place privilégiée dans le cœur des gens, français ou non ! L'archevêque a signé une convention avec l'État. Le président Hollande, à la sortie de l'Élysée, m'a souhaité bon courage pour cette recherche de mécénat… Je lui ai répondu que je ferai la danse du ventre, et lui de me répondre : « Vous saurez faire ! »

L'État voulait commencer les travaux par la flèche. Huit jours avant le drame, les statues monumentales furent enlevées pour être restaurées. Si elles avaient été en place, elles auraient disparu lorsque la flèche s'est écroulée… Un signe prophétique pour refaire la flèche à l'identique et replacer ces statues, dont l'une représente Viollet-le-Duc en personne ! Il savait ne pas s'oublier !

Après la nuit de l'incendie, au bout d'une semaine à peine, nous avions presque un milliard d'euros... Enfin, je pleurais de joie ! Mais pourquoi tant de générosité ? Tant de messages, de courrier, plus de dix mille lettres venues du monde entier, des dessins d'enfants...

L'Établissement public est là pour vingt ans et risque de gérer la cathédrale, au moins sur les aspects techniques, mais en laissant la place au culte. Là encore, de nombreuses commissions qui s'enchaînent les unes après les autres... Nous animions les réunions, les relectures des réunions, avant d'en faire des synthèses ! J'avoue que ce ministère me pesait, loin des âmes qui m'étaient confiées.

Toujours sollicité par les médias, j'allais de studio en studio, de micro en micro, de télé en télé... À la longue, vous ressentez une fatigue, car il faut dire la même chose, mais de manière différente, en fonction des auditeurs. Cependant il ne fallait pas oublier la cathédrale. Les Français comme les Parisiens y sont très attachés.

Notre-Dame de Paris est devenue pour la France et le monde Notre-Dame « tout court »... Comment expliquer cet attachement, cette sympathie ? Notre-Dame, c'est Victor Hugo ou, au moins, la comédie musicale !

Il faut dire que Notre-Dame n'est pas un chef-d'œuvre comme les autres. On ne peut pas dissocier l'histoire de cette cathédrale de celle de la France ! C'est la raison d'un tel attachement, même si nos jeunes ne connaissent plus très bien ce qui a fait la grandeur de notre pays.

Quelles furent les belles heures de Notre-Dame ?

Ce 18 août 1239, où le roi Saint Louis, pieds nus et vêtu d'une simple tunique comme les pénitents à cette époque, vient déposer la sainte couronne d'épines avant qu'elle ne soit transférée à la Sainte Chapelle.

En 1558, le dauphin François, le futur François II, y épouse la jeune reine d'Écosse, Marie Stuart.

En 1572, le roi Henri de Navarre, le futur Henri IV, y épouse Marguerite de Valois, la reine Margot.

En 1853, elle accueille le fastueux mariage de Napoléon III avec Eugénie de Montijo.

Que de baptêmes au XIXe siècle, l'héritier des Bourbons, le duc de Bordeaux, l'héritier des Orléans, le comte de Paris et l'héritier de Napoléon, le prince impérial.

On ne peut pas oublier la voix de Bossuet, le 10 mars 1687, au cours d'une cérémonie où il prononça l'oraison funèbre du Grand Condé.

En 1789, la cathédrale devient le temple d'une religion nationale. Le sacre de Napoléon comme empereur des Français, le 2 décembre 1804, a encore souligné la place de Notre-Dame au cœur de l'histoire de France.

Plus proches de nous, les *Te Deum* marquent les victoires de nos armées en novembre 1918 et en mai 1945.

Nous nous rappelons le *Magnificat* chanté par le général de Gaulle, triomphe du peuple de Paris libéré.

Citons aussi les funérailles nationales du président Carnot en 1839. L'unité nationale s'est vécue au moment des célébrations pour de Gaulle, Pompidou et Mitterrand.

Je n'oublie pas les visites de saint Jean-Paul II et de Benoît XVI. Je veux faire mémoire du vœu de Louis XIII, le 10 février 1638, qui place le royaume de France sous la protection de Marie. J'aime cette belle histoire qui s'est déroulée sous les voûtes de notre cathédrale.

Aujourd'hui encore, la cathédrale est le lieu où la nation aime se retrouver après un drame, comme le Bataclan ou l'assassinat de policiers. En effet, la cathédrale faisant face à la préfecture de police, on m'a demandé d'ouvrir les portes pour accueillir les familles des victimes. La laïcité s'effaçait… Les Français voulaient se retrouver dans ce lieu cher à la nation française : ici la Monarchie, l'Empire, la République ont marqué l'histoire de ce monument, mais s'effacent pour que la France retrouve ses racines.

Je sais que la question de nos racines fait débat ! Pourtant c'est l'une des clefs pour comprendre notre histoire, en commençant par notre histoire personnelle. Je reçois régulièrement des demandes d'acte de baptême de 1800 par des passionnés de généalogie ! Mais derrière cette passion, il y a celle des racines. D'où venons-nous ? Il en est de même pour l'histoire de France ; pour comprendre notre époque, il nous faut interroger les siècles passés non pas pour refaire, mais pour adopter leur audace créatrice.

Un jour, mon ami Stéphane Bern est venu enregistrer une émission. Après le tournage, il a souhaité rester seul dans le chœur, voyant défiler toutes ces pages de notre histoire. Je l'ai rejoint et rapidement il m'a fait remarquer que les abeilles avaient remplacé les fleurs de lys sur le sol… il en était navré et ému ! Mais ce sont les traces que nos anciens ont laissées et qui expliquent notre histoire toujours aussi vivante et qui continue de s'écrire. Je ne suis pas passéiste, je veux comprendre ce qui se passe aujourd'hui, notamment ce refus de certains de continuer à transmettre notre culture.

C'est pourquoi, avec le général Georgelin, nous nous sommes battus pour une reconstruction à l'identique de la charpente et de la flèche. Ce fut, comme je l'ai écrit plus haut, une belle transmission du savoir-faire des compagnons et une marque de respect pour les bâtisseurs de cathédrales. En revanche, il faut marquer cette heure tragique que nous avons tous connue. L'archevêque et le président de la République souhaitent remplacer les grisailles de Viollet-le-Duc par des vitraux colorés évoquant des saints de Paris. Ce désir a réveillé les querelles entre les Anciens et les Modernes. De toute façon nous aurons du mal à reconnaître Notre-Dame, tellement elle est devenue lumineuse grâce à la blancheur retrouvée des pierres, aux peintures restaurées, aux vitraux nettoyés. L'incendie fait désormais partie de son histoire et il ne faudra pas l'oublier.

Curé du chantier, j'étais devenu l'ambassadeur de Notre-Dame. J'ai fait de nombreux voyages non pas pour chercher de l'argent, mais pour remercier les donateurs. La Pologne, Milan, les États-Unis… Une épreuve pour un recteur qui ne parle que la langue diplomatique. Dieu merci, je pouvais compter sur des interprètes. Me voici bloqué par la police des frontières à Washington. Un officier me demande le but de mon voyage. Je lui réponds en français et il ne comprend rien… J'ai attendu une interprète, une bonne heure. Je lui ai expliqué que j'étais invité par le consul de France et l'archevêque de Washington… En trente secondes, j'ai eu mon coup de tampon et ai pu sauter dans la voiture officielle pour être conduit à la réception ! Vive les interprètes… Car les gestes ne suffisent pas, en tout cas à la frontière !

Partout où je suis passé, j'ai été touché par l'accueil chaleureux. Notre-Dame de Paris était devenue la cathédrale du monde. « Et la mère de Jésus était là » à Cana, comme au Golgotha. Le prêtre est souvent là pour des moments de joie comme pour les drames. Marie a toujours eu une place de choix dans ma vie spirituelle et mes six années à Notre-Dame ont été des moments de grâce, où, au cœur des difficultés, je me suis réfugié dans ses bras.

Rencontre avec des saints

Tout au long de notre vie sacerdotale, nous avons la grâce de rencontrer des saints, pas encore canonisés, mais qui rayonnent déjà de la lumière de Dieu. Je souhaite évoquer avec vous quelques figures de sainteté ; je ne sais si elles font partie de la sainteté ordinaire, mais elles sont connues de bon nombre de gens.

Dom Grammont, abbé du Bec-Hellouin entre 1948 et 1986, m'a profondément marqué ; c'est lui qui m'a accompagné quand j'ai postulé pour être oblat bénédictin. Il m'impressionnait par sa grande taille, par sa façon de célébrer, son intériorité qui révélait la profondeur de son être. La première fois que je l'ai aperçu au Bec, il était sur un tracteur pour nettoyer le parc ; une belle humilité, fidèle à la règle de saint Benoît.

Le père abbé, dès qu'il me voyait, me prenait dans ses bras, et comme je suis de petite taille, sa croix pectorale m'écrasait le visage, mais avec tendresse. Lors de ma première année au séminaire des Carmes, qui ne fut pas facile, notamment en raison de cours qui remettaient en cause tout ce que j'avais reçu, je suis allé le voir pour lui dire mon désir de partir. Il me dit : « Que se passe-t-il ? », et sans réfléchir, je lui réponds : « L'Église est malade. » Un long silence s'installe comme si l'abbé priait l'Esprit-Saint, puis avec une voix douce, il me dit : « L'Église, c'est vous, c'est moi… Alors nous sommes malades. » L'entretien s'est achevé par l'Angélus, puis nous avons rejoint la communauté pour le repas. Ces mots si simples m'ont retourné et je suis resté au séminaire ! C'est lui qui m'a prêché ma retraite sacerdotale. Qu'est-ce qui me reste après quarante-quatre ans ? L'Eucharistie à vivre au niveau du cœur. Il me conseillait même de célébrer parfois seul, lentement, en m'arrêtant pour intérioriser ce que j'étais en train de célébrer. Grâce à lui, l'Eucharistie quotidienne a été ma force spirituelle. Nous avons relu la règle, notamment le prologue : « Écoute, mon Fils, les préceptes du Maître et tends l'oreille de ton cœur », ainsi que le chapitre sur l'humilité. Tout était dit pour nourrir ma vie sacerdotale. Il parlait les yeux fermés, sa parole jaillissait de son cœur.

Ce prêtre impressionnait parce qu'il était habité. Il avait donné une conférence à Notre-Dame sur saint Benoît ; la cathédrale pleine, certains jeunes assis par terre, a laissé résonner sa conclusion : « Nous sommes tous des fils de saint Benoît. »

Lorsque j'étais jeune aumônier, j'allais en week-end avec des élèves du lycée Voltaire. Certains venaient pour se détendre, pas trop motivés par la liturgie bénédictine qui était en français ! Au cours de la récollection, le groupe rencontrait un frère et, ce jour-là, ce fut dom Grammont. Ils furent étonnés par la stature de cet homme, véritable légionnaire qui avait participé à la campagne de Norvège, puis avait été envoyé au Maroc où il commanda un bataillon de légionnaires.

La conférence portait sur la vie après la mort, plus précisément comment vivre sa mort. Sujet inquiétant pour des adolescents agités… Croyez-moi, ils ont vite été calmés ; en effet, un jeune a osé interrompre le père abbé en lui disant qu'après la mort tout était fini. Alors dom Grammont calmement lui a répondu en évoquant la force de l'amitié qui n'est pas détruite par la mort en s'appuyant sur un événement qu'il avait vécu lui-même. Il s'agissait de deux amis d'enfance, dont l'un était devenu moine et abbé de la grande abbaye d'En Calcat située dans le diocèse d'Albi, tandis que l'autre s'était marié et avait fondé une famille. La séparation s'était achevée par ces mots : « Au moment de la mort, nous nous ferons signe ! »

Quelques années passèrent et Robert, le père de famille, est mort subitement ; son épouse a prévenu le père abbé d'En Calcat qui n'a pas hésité à prendre le train pour se recueillir sur la dépouille de son ami. En arrivant, il lui dit : « Robert, me voici comme promis ! » Et on entendit : « Je suis là. »

Il n'y avait plus de bruit dans la salle ; tous les jeunes étaient « scotchés » et personne n'osait demander si cette histoire était vraie ! Dom Grammont de conclure : « Ce n'est pas du paranormal, c'est normal, car la mort ne peut pas détruire une véritable amitié, tout comme un véritable amour. N'allez pas croire que l'abbé était un naïf ! Grand théologien, il était entré dans le mystère de Dieu. C'était un passionné du dialogue œcuménique avec les anglicans, et avec les juifs. Ceux qui sont allés en Terre sainte connaissent Abou Ghosh, le village où s'est déroulé l'épisode des pèlerins d'Emmaüs. Une contrée musulmane, mais où de nombreux juifs se rendent pour dialoguer et découvrir nos racines communes. Ces moines et moniales viennent du Bec. Belle intuition de dom Grammont, homme de paix parce que homme de prière. Il est mort en juillet 1989 et repose dans le chœur de l'abbaye du Bec-Hellouin. Pas facile de succéder à une telle figure !

Quittons la Normandie pour faire une halte à Rome. J'étais jeune, je pense, quatorze ans. J'étais à l'audience pontificale dans cette grande salle pleine de pèlerins. Le pape Paul VI avait du mal à marcher, mais était bien présent. Je ne me souviens plus de son discours, en revanche, j'ai parcouru la salle pour le saluer, n'hésitant pas à escalader les barrières de protection… J'étais alerte à cette époque et ce pape m'avait impressionné.

C'est lui qui a mené le concile Vatican II lancé par saint Jean XXIII. C'est lui qui a défendu le célibat des prêtres, avec cette belle encyclique toujours aussi actuelle, *Sacerdotalis caelibatus*, sa passion pour l'évangélisation, son voyage en Terre sainte, en Inde, à l'ONU ; enfin, un pape marial que l'on découvre à travers son exhortation apostolique : *Marialis cultus*.

Son pontificat fut un combat entre les progressistes qui en étaient déjà à Vatican III et les intégristes rivés au concile de Trente ! Il en a beaucoup souffert.

Son secrétaire, Pasquale Macchi, a publié les notes spirituelles de Paul VI que tout disciple du Christ peut méditer. *Paul VI à travers son enseignement*[1].

Paul VI, au soir de sa vie, répéta la parole du Christ : « Quand le Fils de l'homme reviendra, trouvera-t-il la foi sur Terre[2] ? » Dans son testament spirituel, il reconnaît sa fragilité et se demande pourquoi il a été choisi comme successeur de Pierre ; encore un beau chemin d'humilité. Canonisé en 2018 par le pape François, saint Paul VI continue de protéger l'Église qu'il a tant aimée et où il s'est tant donné jusqu'à sa mort.

Cette rencontre furtive lors de l'audience m'a conforté dans ce désir d'être prêtre selon le cœur du Christ. Je ne connaissais pas encore sa pensée, mais après mes études de théologie, j'ai compris que son pontificat fut une grâce. Il était conscient des dérives d'une mauvaise application du concile et de la fragilité du clergé qui a traversé des tempêtes révolutionnaires, notamment la remise en cause du célibat. Ce fut l'un de ses combats, entouré par de grands théologiens comme Ratzinger, Lubac, Congar, Le Guillou.

Aujourd'hui, alors que le célibat est de nouveau remis en question, même par des évêques, il est bon de relire les écrits de ce saint pape qui n'avait qu'un souci, celui de l'amour des fidèles qui lui étaient confiés.

Revenons à Paris avec cette rencontre qui m'a profondément marqué lors d'un congrès sur la famille : Mère Teresa. Elle a eu lieu en 1986 au palais des Congrès. J'ai relu son intervention très spirituelle : « Lorsque nous regardons la Croix, nous savons combien Jésus nous a aimés ; quand nous regardons le tabernacle, nous savons combien il nous aime maintenant. C'est pourquoi il est très important, si nous voulons réellement aimer et être aimé, que nous apprenions à prier[3]. » Voilà un enseignement simple qui touche les cœurs, venant d'une petite religieuse, fondatrice d'un ordre au service des plus pauvres. Quelle harmonie entre ce qu'elle enseigne et ce qu'elle fait.

La fin du congrès se tenait à l'église Sainte-Odile, à la porte Champerret. Le cardinal Lustiger m'avait demandé d'accueillir les personnalités. Lorsque Mère Teresa m'a vu, elle se mit à genoux, m'a pris les mains et les a embrassées. Une sainte et un pauvre prêtre !

Elle aimait les prêtres et priait pour eux. Par ce geste si simple, elle m'a rappelé ma consécration sacerdotale. Lorsque nous lisons son testament spirituel, où la sainte du XXe siècle, comme on aimait l'appeler, rapporte ses nuits, nous sommes encouragés à persévérer dans la prière malgré les sécheresses où nous avons plus l'impression de l'absence de Dieu que de sa présence !

Comment oublier de telles rencontres ? Au cours du même congrès, j'ai vu aussi le professeur Jérôme Lejeune, coauteur de *L'Anomalie chromosomique responsable de la trisomie 21*. Il est venu à Sainte-Croix pour donner son témoignage de chercheur chrétien. On ne peut pas être indifférent quand on a la grâce de partager avec ces disciples du Christ. Ami de Jean-Paul II qui, lors d'un de ses derniers voyages, est allé se recueillir sur sa tombe, il présidait l'Académie pontificale pour la vie. Attaqué parce qu'il dénonçait l'avortement, il fut un soldat fidèle et libre. Comme l'a écrit le journal *Libération* après sa mort : « Il mourut banni par ses pairs et béni par le pape. » Il a fait le bon choix !

J'étais vicaire à Saint-Séverin quand je fus appelé par son épouse pour le confesser et lui apporter la sainte communion ! Il est trépassé quelques jours après, dans la paix et la joie de retrouver son Seigneur. De telles visites bouleversent le cœur sacerdotal ; elles font grandir dans la foi et l'espérance. Comme avec sainte Teresa, nous nous trouvons bien petits non pas parce que nous sommes écrasés par leur puissance de sainteté, mais par leur humilité qui est source d'action de grâces.

« Serviteur bon et fidèle, entre dans la joie de ton Maître[4]. » Même s'il n'est pas encore canonisé, je suis reparti de chez lui en me disant intérieurement : « J'ai vu mourir un saint ! »

Tous les chemins mènent à Rome ; alors retrouvons le pontificat de saint Jean-Paul II qui dura plus de vingt-six ans. Ordonné prêtre sous son pontificat, j'ai été profondément marqué par ce grand pape.

Que de voyages en France, car il aimait notre pays et y était très attaché : Paris, Lourdes, Sainte-Anne-d'Auray, Ars... Les grands rassemblements ravivaient notre foi et notre vie spirituelle. Mais j'ai eu la grâce d'assister à trois messes privées. Vous arrivez tôt dans sa chapelle ; le Saint Père est à genoux, ses mains portant sa tête... Il porte devant le Seigneur toutes les intentions du monde.

Un grand silence ponctué par la respiration de Jean-Paul II.

Lors d'une messe avec un groupe de séminaristes d'Issy-les-Moulineaux, nous avions préparé un chant d'entrée : « Comme une biche qui désire l'eau vive… » Le pape fut touché et a demandé par l'intermédiaire de son secrétaire, Mgr Stanisław Dziwisz, que nous reprenions ce cantique après la communion. Après la messe, il nous reçoit dans un salon et, avec sympathie et son sourire si pénétrant, il s'intéresse et encourage chaque séminariste. Tous ressortent bouleversés par ce face-à-face trop rapide, mais qui marque une vie.

Homme de prière, d'espérance, il avait ce regard pénétrant. À Lourdes, chez les auxiliaires de l'apostolat, j'ai rencontré le cardinal Döpfner, qui fut l'archevêque de Berlin. Le pape lui avait demandé de changer de diocèse pour devenir l'archevêque de Munich ; ce dernier hésitait, voulant rester à Berlin, la situation étant difficile à cause du mur. Le pape lui avait répondu : « Ne vous inquiétez pas, le mur va tomber ! » Le cardinal a ajouté : « J'ai eu l'impression que le pape avait perdu la tête ! »

Un politique hors pair qui a fait tomber le mur et bouleversé le monde communiste.

Ce pape, sentinelle de l'espérance, victime d'un attentat, sauvé par la Vierge de Fátima, a voulu tenir jusqu'au bout malgré sa maladie de Parkinson. J'évoquais cette situation avec le cardinal Cottier, théologien du Vatican, et il a eu cette parole si sage : « Si le pape est encore là, c'est que le successeur n'est pas encore prêt ! »

Et nous le connaissons, ce fut le grand pape Benoît XVI. Mais restons en Pologne. Lors d'un convoi d'alimentation pour le séminaire de Varsovie, à l'époque du général Jaruzelski, j'ai eu la grâce de passer une soirée avec les séminaristes et leur professeur de patristique. Parmi ces jeunes se trouvait le futur père Popiełuszko, qui est mort martyr. Vous ne sortez pas indemne d'une telle rencontre. Si Jean-Paul II fut le pape de l'espérance, Benoît XVI fut celui de la foi.

Le cardinal Joseph Ratzinger, préfet de la doctrine de la foi, avait rencontré les séminaristes de Paris en pèlerinage sur le tombeau de saint Pierre. Tous, nous avons été impressionnés par son côté professoral, qui dominait toutes les questions posées, un visionnaire soulignant les priorités pour les recherches théologiques, comme les fins dernières. Il avait un regard pénétrant, de la douceur dans le ton, mais de la fermeté et de la rigueur dans le développement de ses intuitions.

Il a proposé aux séminaristes de faire une nouvelle lecture du concile Vatican II, pas celle de la rupture, ce qui est contraire à la tradition, mais une lecture de la continuité. Nous sommes ressortis heureux de cette rencontre qui a nourri notre intelligence et notre foi. Nous étions tous convaincus que foi et raison ne s'opposent pas.

Quant au cardinal Ratzinger, dossiers sous le bras, il s'est dirigé vers son bureau de la doctrine de la foi.

J'ai retrouvé Benoît XVI au moment de sa visite apostolique en France, aux Invalides et à Lourdes, le 13 septembre 2008. J'étais chargé par le cardinal Vingt-Trois de préparer la visite à Paris : les Bernardins, Notre-Dame et les Invalides. Vaste programme où chaque minute doit être prévue, en commençant par les habits liturgiques.

Nous organisons une présentation de notre trésor vestimentaire. Mgr Marini, maître des célébrations liturgiques pontificales, se rend dans la résidence de l'archevêque de Paris, pour choisir la chasuble… Une véritable scène de *Fellini Roma*… Oui, j'ai bien vu que Mgr Marini n'était pas emballé… Il n'y avait pas que la chasuble ! Les cierges d'autel, la croix, le calice, les linges, que sais-je !

Le moment fort fut celui de la discussion entre le cardinal Vingt-Trois et ce « *monsignore* » : comment allait s'ouvrir la liturgie des vêpres à Notre-Dame ? Le cardinal précise que le diocèse allait offrir un calice à Benoît XVI. Est-ce que le pape allait dire un mot de remerciements ? Mgr Marini précise qu'il ne fallait pas y compter ! Cela ne fait pas partie de la pratique pontificale. Mais le cardinal d'insister… Et j'entends monseigneur Marini se tourner vers moi et me dire : « Dans ce cas, monseigneur, vous devez l'écrire ! » Alors, le mot de la fin vient du cardinal Vingt-Trois : « Eh bien Patrick, écris-le, ce sera spontané ! »

Par deux fois, je suis allé au Vatican, accompagné du prêtre chargé de la messe aux Invalides. Le pape avait pensé qu'une messe à Notre-Dame serait suffisante… Mais il a oublié qu'il est aimé ! Cinq mille fidèles, c'est bien ! Il faut dire que le pape venait pour Lourdes. Mais un voyage officiel du Pape en France commence par Paris, comme pour tout chef d'État ! Ce qui provoque ce bon mot de l'évêque de Lourdes : il est normal de commencer par les Invalides pour terminer auprès de Notre-Dame de Lourdes.

J'étais chargé non seulement du mot de remerciements, mais aussi de l'introduction de la messe sur l'esplanade. J'ai repris l'enseignement de Benoît XVI sur saint Jean Chrysostome dont c'était la fête. vingt sur vingt ! J'ai demandé au pape ce qui lui ferait plaisir comme pièce d'orgue pour la sortie de la cathédrale après les vêpres : une pièce de Messiaen. Il fut touché par l'interprétation d'Olivier Latry, l'un des titulaires des grandes orgues.

Le lendemain, à 6 heures, j'étais aux Invalides... L'esplanade noire de monde... Mgr Marini comptait sur 30 000 fidèles ; nous étions 260 000 ! À tel point que nous avons envahi la place Vauban ! J'ai fait un pieux mensonge, en évaluant la foule à 100 000 ! Pour éviter les contrariétés pontificales !

Avant de quitter la sacristie située dans la cour des Invalides, le pape m'a donné deux ultimes recommandations : dire à l'assemblée de ne pas applaudir après son homélie et de faire silence après la communion ! Je ne suis pas intervenu, car il s'est imposé de lui-même et ce fut un moment fort ; l'assemblée était entrée dans le mystère. À la sortie de l'Eucharistie, Benoît XVI me confie sa joie pour un tel recueillement. C'est là que je lui ai dit que nous étions plus de 260 000 et que certains fidèles avaient suivi la messe sur écran. Il n'a pas hésité à demander à la papamobile de faire le détour pour saluer les fidèles sur la place Vauban !

Une messe pontificale n'est pas une mince affaire, mais quel bonheur pour nous, prêtres, d'avoir préparé l'accueil de ce si grand pape et cette messe si belle, avec une chorale de 1 000 jeunes ! L'Église de France n'est pas morte !

Jean-Paul II, le pape de l'espérance, Benoît, le pape de la foi, François, celui de l'amour.

En écrivant cela, je sais bien que nos trois derniers papes vivent les vertus théologales de manière harmonieuse comme le demande le catéchisme de l'Église catholique, mais leur histoire personnelle donne des orientations à leur pontificat.

Arrêtons-nous sur François, en commençant par le soir de son élection. Une radio m'avait demandé de commenter l'élection. Il a fallu préparer des fiches de cardinaux *papabile*... Mais on entre *papabile* et on ressort d'un conclave cardinal ! La fiche du cardinal Bergoglio était la dernière... Heureusement, j'avais quelque chose à dire...

J'ai eu la grâce de le rencontrer avec Mgr Éric de Moulins-Beaufort lors d'une audience générale. Un grand sourire, nous avons dit deux mots sur Notre-Dame... Après Benoît XVI, le pape François a quelque peu révolutionné le protocole… Il faut s'habituer, surtout si vous logez à Sainte-Marthe, là où le pape s'est installé, à le rencontrer sortant de l'ascenseur ou à la salle à manger, en train de réchauffer *la pasta* !

Qu'importe, le pape sera toujours le pape ! Difficile pour un pasteur comme lui d'être si encadré dans ses mouvements, ses sorties et promenades ! Son grand mot, c'est la proximité des pasteurs avec leurs fidèles. Mais c'est aussi la compassion, la miséricorde divine, la morale du bonheur, le chemin personnel à parcourir… Je sais que certains sont déroutés… Mais s'offrir à la miséricorde divine est plus libérateur que s'offrir à la justice divine ! Le pape François est à l'école de sainte Thérèse de Lisieux. Il a toujours avec lui l'histoire d'une âme : comme je le comprends ! Il a désormais quatre-vingt-huit ans… Que fera-t-il ? Dieu seul le sait ! Ce dont je suis sûr, c'est que son pontificat aura marqué l'Église tout entière avec des pour et des contre… L'Esprit-Saint se chargera de la succession au moment voulu !

Les grands de ce monde

Bien avant mon ordination, j'avais rencontré le président du Gabon, Omar Bongo, qui avait confié ses enfants à l'enseignement catholique. Professeur à Sainte-Croix de Neuilly, j'avais comme élève Alain-Bernard Bongo, le fils d'Omar. Lors de ses passages à Paris, je faisais le point sur les études de son fils. Il me recevait avec beaucoup de gentillesse, et une confiance réciproque s'est établie.

Souhaitant faire ma coopération, me voici envoyé à Libreville pour être au service du ministre de l'Éducation nationale ; je devais recruter des professeurs en France et rédiger quelques discours. Souvent au palais présidentiel, je m'amusais avec les fameux perroquets du Gabon qui sont de beaux parleurs. Les gardes avaient appris à ces perroquets à dire : Bongo salaud… ou salut !

Il faut beaucoup de patience pour quelqu'un qui aime être à l'heure ! Les Parisiens courent après le temps, c'est le temps qui court après les Africains. Le rapport au temps est bien différent, mais la sagesse africaine peut nous aider à rompre la vitesse infernale de nos vies !

Plusieurs entretiens privés m'ont montré la solitude des chefs d'État. Certes, ils sont entourés de conseillers, mais l'ultime décision appartient au président. Nous avons pu partager sur la foi, même si le président était musulman. Il n'a pas compris ma décision d'entrer au séminaire, mais lors du voyage du pape saint Jean-Paul II à Libreville, il a eu la délicatesse de m'inviter et n'a pas hésité à me présenter au pape comme son fils… Je n'oublierai pas la tête de Jean-Paul II, me trouvant bien pâle pour faire partie de la famille !

Je sais que certains auront du mal à comprendre que j'aie été proche d'Omar ; je ne suis pas un juge, mais un ami libre et prêt à écouter. Je ne me suis jamais permis de parler de politique ; il savait ma liberté et que j'étais désintéressé ; cela permet aussi une parole libre.

Lors du baptême d'un de ses petits-fils, nous étions seuls et il me dit : « Tu me diras quand il faudra que je quitte le pouvoir. » Sans doute se sentait-il déjà fragilisé par la fatigue, la maladie, l'usure.

Je n'ai pas pris le temps de le lui dire. C'est le Seigneur Lui-même qui l'a rappelé !

La famille a souhaité que je vienne aux obsèques ; nous avons organisé une célébration le matin tôt au palais, avant les obsèques officielles qui ont rassemblé de nombreux chefs d'État.

La veille, les autorités militaires et religieuses se sont recueillies. Qui allait prendre la parole ? J'ai accepté comme ami et, pour détendre le climat un peu lourd, j'ai évoqué la rencontre entre le Bon Dieu et Omar, dans un grand fou rire ! Car on entendait son rire dans tout le palais.

Point de politique, point d'éloge – ça, c'est l'affaire de Dieu –, mais un temps de paix et une prière pour maintenir la concorde. Son fils, Ali Ben, a été élu, et, étant son professeur et proche de lui, j'ai pu librement lui parler et lui donner quelques conseils. Les a-t-il suivis ? Sûrement pas tous ! Le pouvoir isole et il peut devenir une drogue. Il faut savoir partir la tête haute au moment voulu !

J'ai rencontré à plusieurs reprises le président Giscard d'Estaing, notamment lorsque j'étais curé de Saint-Honoré-d'Eylau. Son épouse était assidue à mes conférences et lui n'hésitait pas à faire la quête... Un vieux réflexe du ministre de l'Économie !

Comme recteur, je l'ai accueilli pour une messe privée à Notre-Dame. Sa voiture officielle est arrivée juste à l'heure ; la porte de la rue du Cloître était protégée par deux jeunes sentinelles. À l'arrivée, l'ancien président a voulu saluer ces deux soldats, puis il a assisté à la messe. À l'*Ite missa est*, il est ressorti et je me suis permis de dire aux deux jeunes, devant M. Giscard d'Estaing, que c'était l'ancien président de la République. Étonné, le président me dit : « Oh, ils me connaissent sûrement ! » et il s'est installé dans sa voiture, escorté des deux motards. Je suis retourné vers ces deux jeunes : « Vous saviez qui est M. Giscard d'Estaing ? » Et la réponse fut : « Non ! » Ah ! le temps passe vite et l'oubli est déjà notre première mort !

J'ai dîné quelques semaines avant la mort de M. Giscard d'Estaing chez Caroline Pigozzi. Il y avait de nombreux invités dont l'ancien Premier ministre Bernard Cazeneuve, Mme d'Ornano et Anne-Aymone. La discussion portait sur l'ENA. J'ai été frappé par l'intelligence si brillante de l'ancien président et sa mémoire toujours aussi vive ! Le repas commençait à s'éterniser... J'ai confié à ma voisine qu'il était temps de lever le siège… C'est le président qui décide ! Alors, connaissant l'ancienne Première dame, je lui ai fait signe et j'entendis Anne-Aymone lancer : « Monsieur le Président, il est l'heure de partir. » Ah ! le pouvoir d'une Première dame !

Puisque nous sommes au « château », évoquons mon amitié avec Nicolas Sarkozy. C'est une vieille histoire qui a commencé à Neuilly-sur-Seine. Il venait d'être élu à la mairie en 1983 ; j'étais alors aumônier à Sainte-Croix de Neuilly – nous avions un point commun, notre jeunesse ! Tout de suite, nous avons sympathisé et il souhaitait que je figure sur sa liste électorale… Mgr Vingt-Trois, alors vicaire général du diocèse, a refusé. Une première déception pour Nicolas ! Mais la politique et la religion doivent garder leur liberté !

Nos routes se sont éloignées et se sont de nouveau croisées au moment où le cardinal Vingt-Trois, après avoir reçu son chapeau, invita à sa résidence les autorités civiles et militaires. Le président Sarkozy était invité. À la présentation des évêques et des vicaires généraux, le cardinal, me présentant, lui dit : « Ai-je besoin de vous dire qui il est ? » Nous nous sommes retrouvés comme deux amis… Et cette amitié dure encore, même si nous nous voyons peu ! Nicolas sait qu'il peut m'appeler s'il en a besoin.

Proche de Nicolas, évoquons aussi Rachida Dati que j'ai surtout connue alors que j'étais curé de Saint-François-Xavier. Très rapidement, une confiance est née et je l'accompagne spirituellement. J'admire son histoire, ses convictions, son courage. Je prie pour tous ces politiques si souvent seuls face à des décisions morales difficiles ! La vie d'un politique n'est pas un long fleuve tranquille... Il faut s'accrocher, car la politique peut vous lâcher, et vous tombez alors dans les oubliettes !

Restons avec ces femmes qui tranchent dans ce monde politique si masculin ! Et commençons par une grande dame, la reine Élisabeth. Elle venait visiter l'église Saint-Eustache, notamment pour écouter l'orgue. Ici, la console se trouve dans la nef, ce qui permet aux fidèles de voir l'organiste. Ce jour-là, c'était le grand maître Jean Guillou. Le cardinal Lustiger m'avait demandé de l'accompagner. Quel protocole ! On nous a donné une leçon pour éviter les pas de clerc ! Interdiction de donner la main, sauf si la reine la présente. L'appeler : Majesté si elle s'adresse à vous et, si elle persiste, redire « Majesté ». Alors, pour détendre l'atmosphère, j'ai osé poser la question : « Et s'il y a une troisième fois ? » Impossible m'a-t-on répondu ! Ce qui fut le cas !

Religieusement, nous avons écouté une pièce d'orgue ; Son Altesse royale le duc d'Édimbourg était étonnée de voir le maître jouer avec ses pieds… La visite s'est achevée rapidement ; je suis reparti dans la voiture officielle mise à la disposition de l'archevêque qui revenait tout juste de Rome. Silence et trajet rapide puisque deux motards nous escortaient. Je confiai au cardinal : « Ça ne doit pas être drôle d'être reine ! » La réponse du cardinal : « Elle m'a fait penser au poinçonneur des Lilas ! » Quelle vie ! Arrivé à sa résidence, le cardinal a sorti deux chapelets bénits par le pape et les a offerts aux gendarmes… qui n'en revenaient pas ! Il est vrai qu'ils s'attendaient à tout sauf à un chapelet. Je n'ai pas eu le temps de leur expliquer la façon de le dire. Mais c'est un souvenir de saint Jean-Paul II.

Revenons à nos Premières dames, Bernadette Chirac et Brigitte Macron. N'allez pas croire que je passe ma vie au palais de l'Élysée. Très gentiment, Mme Chirac a tenu à venir à mon installation comme recteur de Notre-Dame ; un signe d'amitié que j'ai apprécié, car elle était déjà bien fatiguée. Un jour, elle me confia : « Ce n'est pas toujours facile de vivre avec M. Chirac ! » Je sais qu'elle avait insisté pour qu'on ne supprime pas de la Constitution européenne « les racines chrétiennes » de la France et de l'Europe... Force est de constater que la Croix dérange, même sur le toit des Invalides ! Catholique, elle allait à la paroisse Saint-Gervais, aimant la liturgie des Fraternités monastiques de Jérusalem.

L'incendie de Notre-Dame m'a rapproché de Mme Macron ; je l'avais accueillie à la cathédrale avec Mme Trump lors de la visite officielle du président des États-Unis à Paris. C'est le latin qui nous a rapprochés et nous avons découvert que nous avions un point commun, l'enseignement. En talons hauts, la Première dame française et Melania ont parcouru le trajet imposé par la sécurité américaine et française. Melania fut bouleversée par la couronne d'épines et a versé des larmes. Elle a achevé sa visite devant la Vierge du pilier. Qu'a-t-elle demandé ? Il faudra le demander à Marie, la Première de toutes les Dames.

Quant à Brigitte Macron, je l'ai retrouvée pendant l'incendie, puis pendant les travaux. Elle sait qu'elle peut compter sur moi. Lors de ma cérémonie de promotion dans la Légion d'honneur au grade d'officier, elle a tenu à venir à la fin pour me féliciter et être sur la photo avec mes invités... J'étais bien entouré, entre Catherine Nay, Rachida Dati et Brigitte Macron... Le président n'en revenait pas ! « Monseigneur, il faut gérer ! »

Il me paraît important, lorsque l'occasion se présente, d'avoir ce dialogue avec nos politiques. Nous ne vendons pas notre âme au diable ! Le politique doit entendre le discours de l'Église et, avec la confiance et l'amitié, il est mieux entendu. Vous l'avez bien compris, il ne s'agit pas de provoquer ces rencontres ; elles viennent à la croisée d'un chemin, grâce à nos ministères. Lors de ma remise de la Légion d'honneur, le président Sarkozy avait insisté sur le fait que la République doit reconnaître ce qu'apporte l'Église à la nation, notamment dans l'éducation, dans la vie de la cité. Et le président Macron, outre la cathédrale, a souligné l'espérance que l'Église apporte dans un monde qui succombe à la tentation du désespoir.

Derrière cette décoration, c'est d'abord l'Église qui est mise à l'honneur ! J'aurais pu partager mes entretiens avec les ambassadeurs des États-Unis, de la Pologne, du Mexique, de la Suède. Ils aimaient venir à Notre-Dame et partager quelques convictions ; certains voulaient comprendre un peu mieux la société française...

On ne partageait toutefois rien sur la politique… Sujet tabou !

Le prêtre est un homme public et, grâce à son ministère, il a un regard bienveillant et critique sur le monde. Il est là, grâce à l'enseignement du magistère, pour opérer un discernement et donner des clefs de compréhension pour saisir ce qui se vit aujourd'hui. Heureusement que nous ne sommes pas enfermés dans nos tours fortifiées, ni dans nos sacristies ; le prêtre va au-devant de ses brebis pour les rejoindre dans leurs joies et leurs peines.

Mes lieux préférés

Depuis soixante-douze ans, je passe mes vacances dans ce beau coin de Bretagne que sont les Côtes-d'Armor, à Pléneuf-Val-André. Ce sont mes arrière-grands-parents qui ont découvert ce petit paradis en 1902 ; c'est leur médecin qui avait conseillé la Bretagne et son iode pour revigorer leur fils régulièrement malade ! Le Val-André commençait à se construire et les terrains ne manquaient pas... Ils ont acheté face à la mer et, lors du plan d'urbanisation, la route descendant vers la plage s'est trouvée devant la villa.

J'aime m'y retrouver, seul ou en famille, pour faire mémoire de mes vacances estivales et, peut-être, y retrouver cet esprit d'enfance dont parle si bien Bernanos.

J'ai fait tant de promenades le long de la plage et contemplé tant de couchers de soleil, qui nous rappellent parfois qu'il existe ! Osons le dire, le temps peut ressembler à celui de la Grande-Bretagne mais, le soir, comme pour nous taquiner, il apparaît, tout de rouge vêtu, avant de plonger derrière l'horizon, près de Paimpol et de l'île de Bréhat.

Les Bretons aiment dire qu'ils vivent chaque jour les quatre saisons, ce qui explique la beauté du ciel qui met en relief les falaises.

Comme il est reposant de s'asseoir et de regarder ces paysages qui changent de couleur et qui portent à la prière d'oraison. Tout comme Jean de la Croix qui invitait ses novices à prier devant un beau paysage, la vue de la mer couleur émeraude nous pousse à contempler le Créateur.

Venant chaque année, je suis considéré comme le Parisien le plus breton et je ne passe pas inaperçu, surtout lorsque l'on voit les volets de la villa ouverts.

Quels souvenirs reviennent à ma mémoire ? Les concours de châteaux de sable du *Figaro*, les tournois de billes avec des circuits que nous avions construits auparavant, des pêches aux crevettes et aux lançons, nos après-midi au « Club des As »... Il n'y avait pas de tablettes ni de jeux vidéo, mais les boules et les croquets. Quant à la baignade, je n'étais pas le premier à y aller ! J'ai toujours trouvé l'eau trop froide et le bain était plutôt une épreuve qu'une joie ! Oserai-je vous confier que le contact avec le sable m'est insupportable et que je suis un piètre nageur ? Au bout de trois brasses, je suis déjà sous l'eau... Et dire que j'étais le curé d'une paroisse sportive au moment des Jeux olympiques... Comme aimait me confier mon ami Gilles Neubauer, grand concessionnaire de Peugeot : « Je vends des voitures, mais je ne sais pas ouvrir le capot de ma 206 ! »

La paroisse était très vivante ; il y avait le curé et deux ou trois vicaires, sans oublier l'aumônier de la communauté religieuse. Deux moments forts marquaient l'été : la procession du 15 Août et la fête paroissiale avec jeux, dégustation de galettes-saucisses, de crêpes, accompagnées de cidre ou de vin blanc ... On boit bien en Côtes-d'Armor ! Parfois un peu trop...

Le diocèse de Saint-Brieuc-et-Tréguier était missionnaire ; de nombreux prêtres ont évangélisé le monde. Au moment de mon ordination, il y avait plus de quatre cents prêtres au service du diocèse ; aujourd'hui ils ne sont plus que soixante-dix, et pas très jeunes !

Heureusement des prêtres d'Haïti par exemple viennent en renfort. Comme dans beaucoup de diocèses, le curé a plusieurs clochers. Les prêtres de Paris viennent l'été pour aider le curé, car la population de Pléneuf-Val-André passe de 4 800 à 35 000 ! Même si la pratique religieuse baisse, les familles profitent de l'été pour retrouver une régularité dans la messe dominicale.

Lorsque j'étais directeur au séminaire de Paris, nous avions organisé une évangélisation de la plage. KT plage, pèlerinage à vélo, tournoi de volley et, surtout, des multiples rencontres avec des jeunes souvent loin de l'Église. Des liens se sont tissés, certains sont devenus prêtres ou religieux. Deux colonies de vacances n'hésitaient pas à solliciter tel ou tel séminariste pour témoigner de son histoire. Ces jeunes logeaient au presbytère de Pléneuf, avec le curé tout heureux de voir sa maison reprendre vie, après un hiver et un printemps plus calmes.

Un jour, au moment des annonces, à la fin de la messe, je sollicitai l'aide des estivants pour prendre en charge la nourriture de ces jeunes. Quelques jours plus tard, le curé a vu arriver de Rungis un camion avec un bœuf quasi entier… Le boucher est venu pour le découper et la cure a dû se procurer un deuxième congélateur pour y conserver les biftecks, les rôtis, les côtes, etc.

Aujourd'hui, le paysage ecclésial a bien changé. Les célébrations sont moins nombreuses, les laïcs prennent en charge les obsèques, les affaires économiques. Le presbytère de Pléneuf est divisé en appartements et la communauté religieuse du Val-André a été transformée en thalasso : des signes d'une déchristianisation par manque de prêtres et de religieuses ! Les communautés sont tristement vieillissantes et les vocations se font de plus en plus rares. Trois séminaristes sont en formation... Mais il ne faut pas désespérer.

Le climat tempéré, marqué par le Gulf Stream, attire de plus en plus de touristes. En effet, on parle de canicule lorsque le thermomètre marque 25 °C ! La brise marine nous caresse et agit comme une climatisation naturelle. Ah ! nous avons aussi les éoliennes offshores implantées au large de nos côtes ; on les aperçoit par grand soleil, mais nous ne pouvons pas encore évaluer les éventuels impacts sur la faune, les poissons et les crustacés...

Quelle grâce d'avoir un lieu de convivialité pour recevoir amis, prêtres, famille, car la vie parisienne est trop chargée.

Quelle grâce d'avoir un lieu de silence, de recueillement ; de pouvoir faire un peu de jardinage, même si je n'ai pas la main verte... Pourtant, on ne manque pas d'eau ! Un jour, j'ai vu le curé en ciré sous la pluie, en train d'arroser son jardin ; je lui ai dit mon étonnement et sa réponse fut claire : « Cette pluie ne mouille pas ! »

Vive cette Bretagne du Nord que j'aime tant !

Quittons la Bretagne pour aller à Lourdes, où j'ai fait tant de pèlerinages depuis tant d'années, tant de retraites prêchées chez les dominicaines et les auxiliaires de l'apostolat ! Se retrouver devant la grotte dans le silence, au moment où les pèlerins sont en train de prendre le petit déjeuner est une expérience inoubliable. Je n'attends pas une apparition... Je ne suis pas Bernadette. Mais je peux imaginer les apparitions de la Belle Dame. Marie, si proche de chacun d'entre nous, qui nous révèle la tendresse de son Fils à travers la sienne.

Accompagnant des malades, nous touchons du doigt la force de la foi. Ils viennent certes pour une guérison, mais la plus profonde est celle du cœur... Abandon et confiance. Les miracles ont lieu à la chapelle de la Miséricorde, quand les cœurs désarment devant l'amour de Dieu.

La procession eucharistique nous remet au centre de notre vie sacramentelle et les piscines attestent la confiance inouïe de tous les malades et pisciniers.

Les grands rassemblements, notamment ceux du 15 Août et du Rosaire, soulignent la vitalité de l'Église et l'importance de la piété populaire.

Un autre sanctuaire où j'aime me recueillir est celui d'Ars. Une rumeur court dans ma famille selon laquelle saint Jean-Marie Vianney serait un cousin éloigné ! Je n'ai jamais vérifié ; ce dont je suis sûr, c'est que je n'ai pas sa sainteté et que je ne mange pas de pommes de terre avariées... Le grappin ne m'empêche pas de dormir... Mais je ne confesse pas comme le saint curé, dix heures par jour !

La petite église est insérée dans la basilique pouvant accueillir de nombreux pèlerins. Dans l'église se trouve la châsse où repose son corps. Un recteur me racontait que les fidèles en entrant et cherchant la châsse lui demandaient régulièrement où est le curé d'Ars ; il leur répondait : « C'est moi ! » Étonnement, voire énervement ! Mais effectivement le recteur du sanctuaire est bien le curé d'Ars ! Pas facile à mettre sur sa carte de visite ! Le recteur expliquait ensuite aux fidèles qu'il ne cherchait pas à vivre comme Jean-Marie

Vianney, mais qu'il imitait sa spiritualité sacerdotale et son désir de sainteté. L'époque est différente et cela n'aurait aucun sens d'imiter sa manière de vivre !

Les prêtres viennent souvent à Ars pour s'imprégner de la spiritualité du saint curé dont la source est le ministère pastoral. En effet, le prêtre diocésain nourrit sa prière de ses rencontres, des sacrements qu'il célèbre, des différents groupes de réflexion et d'enseignement auxquels il participe, des visites des malades. La place de l'oraison est essentielle. Le curé d'Ars commençait sa journée devant le tabernacle. Le catéchisme avait une place de choix, ainsi que l'accueil des plus pauvres comme des personnalités, qui venaient le voir surtout le soir ou la nuit... Il ne s'accordait que trois à quatre heures de sommeil, et on dit qu'il a reçu plus de 100 000 personnes au confessionnal... Mais sa première qualité était son humilité ; d'une paroissienne qui lui disait qu'il était un saint, il se disait intérieurement : « Si elle savait ! »

Mes études universitaires m'ont conduit en Syrie, bien avant la guerre. En effet, mon professeur de grec, spécialiste de Théodoret de Cyr, du Ve siècle, auteur de nombreux ouvrages, m'invita à participer à des campagnes de fouilles à Huarte près d'Apamée.

J'étais à Nanterre dans la section lettres classiques et, sous la direction du professeur Canivet, je travaillais sur l'histoire des hérésies de ce père de l'Église, Théodoret, quelque peu hérétique lui-même.

Envoyés par le CNRS, nous allions chaque jour sur le site, tôt le matin à cause de la chaleur. Les Bédouins, armés de pelles, de couffins, de brouettes, travaillaient sous notre conduite : deux églises et un baptistère, avec de très belles mosaïques au sol que l'on peut découvrir au musée de Damas. J'étais chargé de déchiffrer les inscriptions en grec qui se trouvaient sur les tapis de mosaïques.

Le jour de repos, l'équipe allait visiter cette terre si riche en monuments, comme le krak des Chevaliers, le monastère Saint-Syméon-le-Stylite, les villes mortes, Palmyre, etc.

J'ai pu tisser des liens avec des amis syriens, ainsi qu'avec le surveillant de l'État qui s'assurait qu'on ne parte pas avec une antiquité !

Devenu directeur de musée, je l'ai revu lors d'un pèlerinage. Joie de nos retrouvailles... Même si nous ne parlons pas la même langue !

J'ai participé à deux campagnes de fouilles passionnantes. Malheureusement, la guerre a détruit bon nombre de sites archéologiques et les pèlerins, comme les touristes, ne peuvent plus marcher sur cette terre foulée par les premiers chrétiens.

Autre pays marqué par la guerre, la Terre sainte. Vivement la paix pour reprendre les pèlerinages. Je ne compte plus mes voyages au cours desquels j'ai accompagné tant de fidèles. C'est une véritable grâce de lire et de prier la Parole de Dieu sur le terrain. C'est le mystère de l'Incarnation que nous touchons du doigt. Après un tel pèlerinage, on lit la Parole de Dieu de manière différente, marqué par les paysages, les rencontres, les moments d'oraison dans le désert, sans oublier les relations d'amitié qui se tissent lors d'un pèlerinage.

Les visiteurs soutiennent les chrétiens en achetant les produits fabriqués sur place. Quelle tristesse de voir ces chrétiens quitter la terre de Jésus.

Mon premier voyage a eu lieu lors d'un congrès des Pueri Cantores. J'avais seize ans. Chanter dans les lieux saints vous donne des frissons ! Et il y avait déjà des attentats ! À chaque pèlerinage, nous entendions au loin le bruit des bombes, l'esplanade du Temple étaient parfois fermée, nous subissions des fouilles interminables, les *check points* nous imposaient des détours, des lieux étaient inaccessibles…

Un voyage en Terre sainte est non seulement un pèlerinage, mais une retraite spirituelle ! Nous commençons par une expérience du désert, puis la Galilée qui nous prépare à Jérusalem, la ville qui tue les prophètes. Le parcours s'achève chez les bénédictins d'Abou Ghosh, l'un des lieux d'Emmaüs. Lors d'un de mes premiers pèlerinages où je prêchais la Bonne Parole, assis devant le lac sur le mont des Béatitudes, j'invitai les pèlerins à méditer en silence ce beau texte... Grand silence... Je me suis retourné, il n'y avait plus personne... Les pèlerins étaient en train de déguster des pamplemousses tombés des arbres. Il n'y a pas d'humilité sans humiliations !

Vivement la paix pour retrouver ces chrétiens qui nous attendent avec impatience.

Les saints qui m'ont accompagné

Ce chapitre me permet de relire mes livres et mes conférences, sans oublier mes homélies. Quels sont les auteurs spirituels les plus cités ? Prêchant des retraites, qui je cite le plus souvent ? Ce sont des amis qui ont formé ma vie spirituelle et ces amis reviennent fréquemment, tel le curé d'Ars, déjà évoqué, mais ce sont les saintes du Carmel qui ont une place de choix, comme Thérèse d'Ávila, celle de Lisieux, Élisabeth de la Trinité et, depuis mon arrivée à la Madeleine, l'apôtre des apôtres.

Commençons par le curé d'Ars, modèle pour tous les prêtres, confesseur infatigable, catéchiste remarquable, apôtre de l'amour. Une de mes premières messes eut lieu dans cette petite église d'Ars. J'ai demandé au Seigneur la grâce de la fidélité et la joie dans les ministères que l'évêque me confierait. J'ai retrouvé la figure de saint Jean-Marie Vianney dans le très beau roman de Bernanos *Journal d'un curé de campagne*. Même si je suis un curé de ville, ce journal actualise la figure du curé d'Ars. La même fragilité, l'impression de ne pas être à la hauteur de la mission confiée, n'empêchent pas ce pauvre prêtre d'être un signe de l'espérance. Je reprends souvent les derniers mots du journal : « Qu'importe, tout est grâce[1]. » L'image sacerdotale a été bien malmenée depuis des années, sans doute à cause des prêtres qui furent objets de scandale, mais aussi par notre société sécularisée qui ne comprend plus un tel don ! Le célibat est remis en cause, en tout cas incompris, et, cependant, le prêtre est toujours sollicité pour les sacrements et des accompagnements.

Aujourd'hui, nous sommes loin de la figure du curé d'Ars, car l'époque a bien changé. Mais les prêtres, de moins en moins nombreux, sont toujours des signes de contradiction, parce que témoins de la petite espérance dont le monde a plus que jamais besoin.

La spiritualité du pape François, comme celle de ses prédécesseurs, nourrit les âmes sacerdotales et ramène à l'essentiel. Autrefois, on respectait le maire, le curé, le docteur et le notaire. Autres temps… Mon col romain, pour beaucoup, ne signifie pas grand-chose, mais il est vrai que certains nous laissent leur place dans le métro ou s'effacent pour nous laisser passer. En revanche, je n'ai jamais été insulté parce que j'étais prêtre.

Qu'est-ce qui peut susciter des vocations sacerdotales ? Les familles chrétiennes, les communautés paroissiales, les mouvements de jeunes, les belles liturgies, l'amour de l'Église, des prêtres saints… Je n'ai jamais oublié ce mot du cardinal Petit de Julleville[2], ancien supérieur de Sainte-Croix de Neuilly : « Le prêtre fait tous les sacrifices sauf celui du bonheur ! » Quarante-quatre années ont passé et j'ai éprouvé en effet beaucoup de bonheur ! J'ai accompagné des jeunes qui se posaient la question du sacerdoce. C'est un chemin difficile soumis aux pressions familiales, sociétales ! Les jeunes sont moins protégés et sûrement plus fragilisés, l'engagement fait peur parce que les jeunes manquent de liberté intérieure. La situation de l'Église est peu encourageante, pourtant il y a encore 700 séminaristes ! Je me souviens de saint Jean-Paul II disant au séminaire d'Issy-les-Moulineaux, lors de son premier voyage en France, que les séminaristes sont les premiers apôtres des vocations ; alors qu'ils rayonnent tous la joie d'être appelés !

Revenons au curé d'Ars. À le voir dans sa châsse, il ne devait pas être très drôle ! Pourtant, il attirait des foules de pénitents !

Quelle image de Dieu leur a-t-il laissée ? Jean-Marie Vianney n'était pas un grand intellectuel ; ses contemporains ont avoué qu'en face du curé d'Ars il leur fallait fuir s'ils ne voulaient pas être subjugués non par l'adresse du discours, mais par la contagion de la vérité. Quel est donc son secret ? Le curé revient constamment sur un mystère, celui de la Sainte-Trinité. On s'attendait à un enseignement limité à la morale ! Tout vient pour lui de ce mystère, ce dessein d'amour du Père. Vous ne trouverez pas un traité théologique sur la Trinité, pour lui, la foi, c'est vivre de Dieu. Comme il le dit : « Un chrétien, l'objet des complaisances des trois personnes divines[3]. »

Dans ses homélies, il part de sa propre expérience spirituelle. Sa foi, considérer Dieu, aimer Dieu, se connaître et s'aimer par le regard de Dieu et pour l'amour de Dieu. Voilà une des clefs de la sainteté : les saints se connaissent parce que Dieu les connaît ; ils se voient parce qu'ils regardent Dieu qui les voit.

Le pape François nous demande de faire des homélies qui touchent les cœurs avec des mots simples : l'homélie n'est pas un cours de théologie… C'est réservé à la faculté ; Dieu se sert de nos paroles pour aider les fidèles à entrer dans ce mystère de la bonté miséricordieuse. Cette contemplation de l'amour aboutit à une attitude concrète, liée à la foi, l'abandon. C'est la remise réelle de soi : faire porter son fardeau par un autre, changer de point d'appui, s'appuyer sur Dieu, se laisser porter. Le curé d'Ars souligne souvent cette confiance quand il parle du péché : « Si le pécheur s'égare davantage, ce tendre Père ne cesse de le poursuivre de sa grâce[4]. »

C'est pourquoi le curé invite à la paix, à la confiance, à l'abandon. Comme chez le fils prodigue, le Père ne veut pas regarder la défaillance, mais la condition d'enfant. Nous sommes loin de la peur de certains confesseurs et nous retrouvons l'enseignement du pape François aux confesseurs.

N'allez pas croire pour autant que « tout le monde, il est beau, tout le monde il est sauvé » ! Dieu nous offre d'avoir part au travail de la grâce, en imitant le Fils. Comme en tout amour qui a été blessé, Dieu ne veut pas que le dernier mot soit à la justice, mais à la confiance retrouvée.

C'est le sens de nos sacrifices ; il s'agit d'une participation à l'obéissance du Fils, qui a donné infiniment plus que nous. Heureusement, il y a le Saint-Esprit qui est tendresse et qui prépare, accueille et convertit la lumière qui fait vivre le don divin.

« Le Saint-Esprit est comme un jardinier qui travaille notre âme[5]. » Il est Celui qui fait devenir nôtre la vie de Dieu.

Au confessionnal, à la messe, au catéchisme, c'est le même désir de conduire les hommes au Père, c'est la même obéissance, la même acceptation de la volonté du Père, dans la prière aussi bien que dans l'agonie ou le refus de fuir. C'est aussi la même joie de révéler aux petits la paternité bienheureuse de notre Dieu.

Le curé d'Ars convertissait, consolait parce que sa prédication était fondée sur des paroles vivantes qui ont force d'apaisement.

Il m'arrive de relire ses pensées et elles alimentent ma prière. Le problème d'aujourd'hui n'est pas d'abord de trouver de bonnes idées sur Dieu… On a déjà tout dit ! La difficulté est de ne pas en rester à des idées. Nous savons que Dieu nous a attirés à Lui ; notre seul problème est de trouver tous les moyens de ne pas échapper à cette attirance.

Vous avez bien compris, je ne cherche pas à imiter sa vie ; en revanche, je suis touché par son audace en un siècle marqué par le jansénisme.

Accompagnant le groupe de clercs de Saint-François-Xavier à Ars, nous avons vu le film sur la vie du curé qui s'achève ainsi : il devient chanoine et est décoré de la Légion d'honneur. Un jeune s'est tourné vers moi : « Vous êtes comme le curé ! », et intérieurement, je me suis dit : « Il me manque encore la sainteté ! »

Quittons Ars pour séjourner à Lisieux avec la petite Thérèse, autre sainte qui a touché Georges Bernanos. Je pense qu'elle a envahi ma vie ! Parce qu'elle a vraiment compris ce qu'est la miséricorde divine, et que le chemin qu'elle propose est accessible à tous. Je ne retrace pas ici sa petite voie que vous connaissez sans doute ; sa petite voie est un chemin de sainteté que tout le monde peut imiter, une existence qui ne comporte ni extases, ni pénitence particulière. C'était l'éternel Poulidor de la communauté du Carmel ; une existence sans gloire ! Thérèse n'était pas la plus pieuse du couvent ; elle ne priait pas longuement devant le saint sacrement ; elle avait la grâce de s'endormir pendant l'oraison ! Mais elle a découvert dans l'amour du Seigneur trois composantes : Dieu étant amour gratuit, alors Thérèse se laisse aimer. Dieu est amour miséricordieux, alors elle se laisse pardonner et s'offre au débordement de cet amour qui vient mendier notre amour si limité. Enfin Dieu est amour mendiant, alors il ne faut rien lui refuser.

Oui, Dieu m'aime d'une tendresse sans mesure ; alors ne pas devenir le fils aîné de la parabole du fils perdu, qui vit à côté du Père et n'a pas su profiter de son amour divin. Sainte Thérèse aimait les saints qui avaient volé le ciel comme les saints innocents, le bon larron... Tout en étant entrée très jeune au Carmel, elle se reconnaissait volontiers dans les ouvriers de la dernière heure. Quand elle explique sur son lit de mort ce que signifie « rester petit enfant devant le Bon Dieu », elle insiste sur cet aspect. L'enfant se sait incapable de gagner la vie éternelle du ciel.

À travers sa petite voie, Thérèse découvre que Dieu demande tout, mais que c'est Dieu qui donne ce qu'Il demande. Le tort des hommes n'est pas tant de marchander avec Dieu que de croire que Dieu marchande avec eux et ne leur donne sa grâce que dans la proportion où ils la méritent ! Erreur, dit Thérèse, c'est toujours le Bon Dieu qui a l'initiative et s'Il nous demande d'avancer, c'est parce qu'Il nous porte dans ses bras.

Thérèse, grande mystique ? Comme toute carmélite, elle fait deux heures d'oraison avec des sécheresses, des distractions, des silences de Dieu alors qu'elle attend des consolations. La jeune carmélite nous rejoint dans nos combats intérieurs. Elle nous livre un trésor sur la prière qui est un élan du cœur. « C'est un simple regard jeté vers le ciel, c'est un cri de reconnaissance et d'amour au sein de l'épreuve comme de la joie, enfin c'est quelque chose de grand, de surnaturel qui me dilate l'âme et m'unit à Jésus[6]. »

Mais Thérèse m'a fait découvrir l'amour miséricordieux, et ce fut une grande richesse spirituelle. Nous sommes tous de pauvres pécheurs pardonnés ; à travers le regard de Jésus, on comprend de quel amour nous sommes aimés. Qu'est-ce qui a permis à Thérèse de supporter la découverte douloureuse de sa misère ? La Parole de Dieu qu'elle lit et médite. Elle y contemple Jésus qui nous révèle toute la douceur de Dieu, la douceur de l'Agneau. Au Golgotha nous est donnée la preuve définitive de la tendresse divine. Le Père ne manifeste nulle part ailleurs sa miséricorde mieux qu'au Calvaire. J'ai souvent médité la lettre de Thérèse à l'abbé Bellière[7]. Face à ce prêtre troublé par ses années de jeunesse gaspillées, Thérèse ne le culpabilise pas. L'abbé est un pécheur comme saint

Augustin ou sainte Marie-Madeleine. Mais ils ont été pardonnés parce qu'ils ont beaucoup aimé le Seigneur. L'amour détruit le péché. Il faut de l'audace pour obtenir la miséricorde ; mais le miracle réside non seulement dans le pardon, mais surtout dans la grâce d'union avec le Seigneur.

Certains pécheurs choisissent les mortifications excessives ; Thérèse propose la voie de la confiance en l'amour miséricordieux.

Il s'agit d'une véritable révolution spirituelle pour notre temps ! « Je paraîtrai les mains vides[8] » et le cœur plein d'amour, celui du cœur du Christ. Nous comprenons l'importance de l'abandon : « Ma folie à moi, c'est d'espérer[9]. » Nous nous savons aimés parce que nous n'avons plus aucun appui en nous-mêmes pour espérer. Et Dieu nous donne la possibilité de l'aimer en retour : « Dans le cœur de l'Église, Ma Mère, je serai l'amour[10]. » Comme Jean de la Croix, la seule récompense qu'elle attend de Jésus, c'est la faculté de pouvoir toujours l'aimer davantage !

Quel beau programme, qui est repris par sainte Élisabeth de la Trinité : « Vivre dans l'amour, m'émerveiller dans l'amour, m'endormir dans l'amour[11]. »

Prêchant sur France Culture à Lisieux, j'avais demandé si nous pouvions nous recueillir dans l'infirmerie où Thérèse est morte. La supérieure accepte volontiers ; j'étais accompagné du père Carron de La Carrière, dominicain, et j'avais proposé aux deux techniciens, loin de la foi, de se joindre à nous, ce qu'ils ont fait. Nous sommes restés vingt minutes ; grand silence, rien à voir, si ce n'est le lit où Thérèse s'est endormie. Mais ce silence était une présence, Thérèse était là et nous enveloppait de sa tendresse. À la sortie, les deux techniciens étaient bouleversés ! Oui, Thérèse a toujours quelque chose à nous dire.

Comment ne pas parler de la Madre, la grande Thérèse ; c'est elle qui m'a appris à faire oraison. Je suis allé deux fois en pèlerinage à Ávila sur les pas de Thérèse et de Jean de la Croix. Il est difficile de célébrer dans les cathédrales qui sont devenues des musées avec une entrée payante, excepté pour ceux qui portent un col romain ! Pas de confesseur, impossible de célébrer la messe. Comme recteur de Notre-Dame, je me suis battu pour que l'entrée de la cathédrale demeure gratuite ! Mais revenons à Thérèse qui a voulu répondre à Luther sur la question de la grâce en restaurant le Carmel. Certes, Dieu fait tout, mais l'homme doit accueillir la grâce en offrant sa liberté ; et pour illustrer cela, Thérèse a mis vingt religieuses ensemble, enfermées avec une règle austère, et sa réforme a marché.

Ce qui m'a marqué, c'est son combat spirituel pour arriver enfin à désarmer. C'est notre lot à tous ! Il faut quitter nos habitudes et parfois c'est un arrachement ! Pour Thérèse, ses parloirs mondains étaient sa vie ; elle aimait séduire les chevaliers qui envahissaient les salons pour la rencontrer. Puis ce fut la découverte du mystère de l'Incarnation et de cette proximité avec le Christ. Nous n'étions plus au niveau des idées, le Christ était bien présent et c'est lui qui a séduit la grande Thérèse.

Fondatrice de plusieurs carmels, c'est surtout son enseignement sur la prière qui m'a profondément aidé. C'est dans son « chemin de la perfection » que Thérèse nous livre sa méthode pour faire oraison, insistant sur la mise en présence de Dieu ; faire taire l'intelligence pour éviter les distractions et se tenir devant Celui qui n'est qu'amour. Elle reprend l'enseignement de saint Augustin : « Reviens vers ton cœur. » La difficulté est d'y demeurer.

Enfin, malgré son autorité et s'appuyant sur son expérience spirituelle, Thérèse nous donne une belle définition de la sainteté : tomber et se relever.

Quittons l'Espagne pour nous retrouver en Bourgogne, à Dijon, avec sainte Élisabeth de la Trinité. Nous restons dans la famille carmélitaine ! Voici ce qu'elle écrit en 1899 : « Je lis en ce moment le chemin de la perfection. L'oraison – comme j'aime la façon dont sainte Thérèse traite ce sujet, lorsqu'elle parle de la contemplation, ce degré d'amour dans lequel c'est Dieu qui fait tout et où nous ne faisons rien, où il unit notre âme si intimement à lui que ce n'est plus nous qui vivons mais Dieu qui vit en nous. »

Élisabeth m'a appris à m'enfouir dans le ciel de mon âme pour y trouver Dieu ; pour cela, il faut le travail de dépouillement et la grâce qui transforme la vie pour devenir louange de gloire à la Trinité.

Combien de fidèles cherchent des sensations pendant leurs prières… Ici, c'est la foi pure, à l'abri de tous les retours de sensibilité. On connaît sa sublime élévation à la Trinité : « Ô mon Dieu, Trinité que j'adore, aidez-moi à m'oublier entièrement pour m'établir en vous[12]. »

Gravement malade, elle a voulu vivre sa souffrance et sa mort comme le Christ. Ce fut son entrée définitive dans l'union transformante. Sa vie spirituelle se réduit à l'essentiel : la transformation dans le Christ par amour, une intimité filiale de presque tous les instants avec la Vierge, le sens trinitaire de son baptême. Elle prononça ces derniers mots avant de mourir : « Je vais à la lumière, à l'amour, à la vie. »

Je suis loin des extases de Thérèse d'Ávila ou des expériences mystiques d'Élisabeth, mais leurs exemples nourrissent ma vie de prière. Un beau chemin d'humilité.

Prêchant des retraites, je m'appuie aussi sur saint François de Sales, mais à partir des confidences que j'entends et qui rejoignent ce que nous vivons.

Au cœur de cette vie spirituelle, la Parole de Dieu a une place de choix et les saints lui donnent une harmonie splendide qui la rend toujours aussi vivante.

Je souhaite terminer ce chapitre avec Marie-Madeleine. C'est ma nomination, en septembre 2022, dans cet ancien temple construit au cœur de Paris à la gloire des troupes impériales par Napoléon et devenue l'église Sainte-Marie-Madeleine, que j'ai découvert cette sainte étonnante si proche de nous. Certes, je connaissais l'apôtre des apôtres, mais depuis mon arrivée, nous avons pris le temps de nous apprivoiser et de faire plus ample connaissance. En me nommant ici, l'archevêque souhaitait d'ailleurs faire de ce lieu un sanctuaire pour que les fidèles découvrent cette belle figure de sainteté afin de nous mettre à sa suite.

Une ou trois Marie-Madeleine ? Suivons la tradition occidentale et imitons cette Marie, femme libérée de sept démons, qui s'est laissé rejoindre par l'amour de Dieu.

Que demander à cette apôtre ?

Quand nous allons comme pèlerins dans un sanctuaire, nous portons en nos cœurs des intentions de prière ; certains demandent une guérison comme à Lourdes, une conversion comme au Sacré-Cœur de Montmartre, une rencontre avec Marie, comme à la chapelle Notre-Dame-de-la-Médaille-Miraculeuse.

Que portons-nous en nos cœurs en montant cet escalier monumental d'une blancheur rayonnante et qui nous introduit dans cette église impressionnante, où règne une lumière plutôt intimiste qui invite au silence et à la contemplation ?

Marie-Madeleine trône sur le maître-autel de Carlo Marochetti ; elle est représentée en extase, portée sur un couffin, entourée des anges. C'est bien elle, la maîtresse de maison, et son histoire spirituelle, c'est aussi la nôtre.

C'est elle qui accueille le pèlerin, les bras ouverts pour lui dire combien il est aimé de Dieu, malgré son histoire de péchés. Marie-Madeleine a fait le chemin ! Elle a été touchée par le regard du Christ ; libérée de son péché grâce à la miséricorde divine, elle ne regarde plus en arrière ; elle a lâché prise pour se mettre à la suite du Bien-Aimé.

Le sanctuaire de la Madeleine doit être ouvert pour accueillir le visiteur qui peut, par grâce, devenir pèlerin. Le sanctuaire est un lieu privilégié pour faire une rencontre avec le Seigneur. Que de visiteurs n'osent pas entrer dans une église, se croyant indignes ou parfois trop loin de la foi : et comme dans la parabole du fils perdu, le Père est à la porte pour accueillir la brebis perdue. Point de jugement, mais une dilatation du cœur pour retrouver cette liberté intérieure qui manque gravement aujourd'hui ! Le pape François insiste sur cet accueil et cette proximité.

Maîtresse de prière et d'oraison, Marie-Madeleine nous apprend à nous asseoir aux pieds de Jésus pour l'écouter. Je suis heureux de voir que les visiteurs prennent le temps de s'arrêter et d'écouter dans le fond de leur cœur ce murmure divin qui n'est que tendresse.

Qu'a dit Jésus à Marie-Madeleine ? On ne le saura jamais ! C'est une affaire entre Lui et elle ! Beaucoup de mystiques rapportent des paroles extraordinaires, mais ici, c'est de l'ordre du secret. Un jour, une journaliste me demanda si j'avais entendu la prière d'une personnalité politique devant la statue de la Vierge au pilier. Non, je ne l'avais pas entendue, mais quand bien même j'aurais eu la grâce d'entendre, la journaliste n'aurait rien su ! La prière est de l'ordre de l'intimité profonde entre l'orant et son Seigneur.

On présente Marie-Madeleine comme une femme libre ; attention à ce que nous mettons derrière ce mot. Cette liberté n'est pas un trait de caractère ; la pécheresse est libre parce qu'elle a été libérée de ses chaînes pour toujours. Sa liberté a été purifiée par le feu de l'amour. Elle n'a pas perdu son libre choix, mais désormais, elle réalise sa vocation, ce pour quoi elle a été créée.

Modèle de la fidélité de l'apôtre, Marie-Madeleine choisit de suivre le Christ jusqu'au bout, malgré les épreuves de la Passion et du Golgotha. Son secret ? Sa foi et sa confiance : son Seigneur ne pourra pas l'abandonner. En versant ce parfum de grand prix sur la chevelure du Christ, elle signifie son action de grâce ; rien n'est trop beau pour Celui qui lui a donné le Salut.

Enfin, témoin oculaire du tombeau vide et de la rencontre avec le Ressuscité, elle nous conduit vers le Vivant. Une sainte a pour mission de nous conduire à Celui qui est le tout de sa vie. C'est pourquoi des fidèles s'arrêtent à la Madeleine pour demander le baptême.

Alors, quelles sont les grâces à demander ? la guérison intérieure, la liberté intérieure, la prière, la fidélité, le don de soi-même, la contemplation du Ressuscité...

L'apôtre des apôtres est une femme, ne l'oublions pas ! Quelle place dans la pastorale d'un tel sanctuaire ? On a trop réduit le rôle de la femme dans la vie de l'Église. Dame patronnesse ? Bonne du curé si elle a l'âge canonique ! Soyons sérieux ! Dans un monde qui a gommé la différence sexuelle, l'Église doit redécouvrir que Dieu nous a créés hommes et femmes avec des charismes propres à chacun. Marie-Madeleine rappelle aux femmes leur mission, à savoir conduire au Christ.

Nous sommes façonnés spirituellement par toutes ces figures de sainteté. Ce sont des chemins différents qui nous conduisent toujours au Christ. N'ayez crainte, le Christ demeure la source puisqu'Il est l'unique grand prêtre, mais ces figures de sainteté montrent qu'à chaque époque le Seigneur suscite des témoins pour répondre aux attentes des fidèles.

Je fus nommé à l'église de la Madeleine pour en faire un sanctuaire, mais aussi pour accueillir les sportifs et leurs fans. On n'oubliera pas ces quinze jours de Jeux, en commençant par la messe de la trêve olympique selon le vœu de Pierre de Coubertin. Même si les conflits ont continué, les ambassadeurs ont répondu à l'invitation de l'Église ; j'ai accueilli tous ces représentants, de l'Iran, de la Jordanie, d'Israël, des pays de l'Est et tant d'autres... Deux heures de paix auprès de sainte Marie-Madeleine !

Une goutte d'eau, vous me direz, mais ce fut un moment de paix et de rassemblement autour du Christ. Tous les sportifs de Dieu étaient là, ne rivalisant pour aucune médaille, car tous nous avons reçu une couronne de lauriers.

Que retenir de ces Jeux au cœur de la Madeleine ? Tant de visites et de rencontres ! Le monde entier s'est retrouvé dans notre église ; de nombreux fidèles ont découvert la présence de l'apôtre des apôtres ; des visiteurs sont devenus pèlerins, en commençant par les gendarmes et les policiers qui venaient chercher un peu de fraîcheur et qui se sont retrouvés, armés jusqu'aux dents, devant la relique de la sainte et qui ont finalement désarmé.

À l'occasion de cet événement sportif et festif, l'accueil a été développé ; ce qui a permis des rencontres inattendues avec des chercheurs de Dieu. Une église ouverte et accueillante, un lieu de silence et de contemplation, une proximité avec sainte Marie-Madeleine, voilà notre sanctuaire au cœur de Paris.

Quel avenir ?

Je ne suis pas Madame Soleil et n'attendez pas des révélations extraordinaires. Mais, après avoir lu les chapitres précédents, vous pensez sans doute que je vois la vie en rose, ou que je suis trop naïf. N'ayez crainte, je vois les difficultés que nous traversons et je m'inquiète de l'avenir, même si je ne veux pas succomber à la tentation du désespoir !

Notre jeunesse est notre avenir, mais une partie est menacée, pas uniquement celle des banlieues. Les réseaux sociaux, les drogues, la pornographie, les écrans, le manque de culture…

Je suis frappé par la violence, les menaces, l'usage d'armes blanches de jeunes qui se désocialisent. L'État comme les familles ont du mal à exercer leur autorité remise sans cesse en cause.

Je pense aussi aux enseignants insultés. Certains vont me dire : ce ne sont que quelques cas... Heureusement ! Mais cela est nauséabond et, progressivement, l'ambiance devient de plus en plus lourde.

Il est temps de réagir et l'Église a sûrement un rôle à jouer. Avec le scoutisme, les patronages, le chant choral, le sport... La jeunesse n'est pas perdue et il faut la solliciter. Comment aider les nouvelles générations à se projeter dans l'avenir ? Il faut sans doute retrouver la valeur du travail et la joie de s'y réaliser. À l'occasion des Jeux olympiques à Paris, je me suis réjoui de voir tous ces jeunes remplir l'église de la Madeleine ; quel bonheur de voir tous ces jeunes pèlerins à Chartres, aux JMJ... Certes, ce ne sont pas tous les jeunes, mais ce sont des sentinelles de l'espérance !

Il y a toujours eu des délinquants, mais sans doute moins violents qu'aujourd'hui. Le trafic de la drogue a pris de l'ampleur, et qui pourra arrêter cela ? Comment les parents laissent-ils leurs enfants devenir des surveillants de postes de deal ? On me dit que les parents sont dépassés. Peut-être. Mais irresponsables, sûrement !

Il ne s'agit pas de condamner les parents, mais de les accompagner dans cette tâche éducative qui commence dès la maternelle. Oui, je suis triste de voir tous ces jeunes victimes de nos égoïsmes, de nos paradis artificiels.

Lorsque j'étais supérieur de Saint-Jean-de-Passy, j'avais créé une école de parents pour redonner des points de repère, comme l'autorité, l'argent de poche, le respect et des cours de maintien... Ils ont été nombreux à participer, alors que nous étions au cœur du 16e arrondissement.

L'argent pourrit cette jeunesse. Ne faut-il pas retrouver la simplicité et l'émerveillement ? Ces jeunes sont vieux avant l'âge et ils ont perdu leur esprit d'enfance.

La situation n'est pas désespérée. Il suffirait que notre pays ait un beau projet qui rassemble toutes les forces vives. Point n'est besoin d'une guerre mondiale, mais bien plutôt d'un désir de construire une nouvelle civilisation, ce qui ne peut se faire que tous ensemble. Naïf ? Peut-être ! Mais je porte cet idéal pour la France que j'aime tant. Ah ! si tous les enfants du monde se donnaient la main pour faire régner la paix !

D'où vient cette violence ? À entendre les experts, elle provient des carences affectives de la démission de certains parents, des réseaux sociaux, du phénomène des bandes, de l'irrespect, de la désobéissance... Alors, que faisons-nous ?

Osons le dire, les idéologies qui nous empêchent de penser ont aussi leur responsabilité… Nous pouvons devenir des vrais moutons de Panurge. Nous voulons nous mettre systématiquement au goût du jour sans réfléchir aux conséquences. Il faut du discernement pour choisir ce qui est bon pour nous.

Ne faut-il pas retrouver l'amitié ? Sur les réseaux sociaux, on vous sollicite pour être ami ; mais l'amitié ne se crée pas sur un écran ! Il faut la rencontre entre deux êtres, entre deux regards…

L'amitié est un trésor à redécouvrir. Pour Aristote, dans son *Éthique à Nicomaque*, l'amitié parfaite a pour objet le bien. C'est l'amitié par excellence, parce que les amis s'aiment pour ce qu'ils sont. Rappelez-vous les paroles du renard dans *Le Petit Prince* de Saint-Exupéry : « Comme il n'existe point de marchands d'amis, les hommes n'ont plus d'amis[1]. »

Que dire de l'amitié ? C'est une attention qui prend du temps, car les amis s'apprivoisent pour vivre une complicité ; l'amitié est une affection, car il y a à la base une émotion ; l'ami aime et c'est pourquoi il se porte vers son ami par la pensée, le désir, la présence.

L'amitié est une communion et non une compétition ; elle est désintéressée ; on y aime son ami pour lui-même – c'est une communion d'âmes.

L'amitié peut-elle résoudre certains problèmes que connaissent nos jeunes ?

L'ami est là pour réconforter, écouter, aider, mais suppose aussi la fidélité. Deux amis découvriront que la vie a un sens et une valeur. Une véritable amitié nous tire vers le haut ! Attention toutefois aux amitiés exclusives qui nous replient sur nous-mêmes.

Les jeunes ont besoin de se savoir aimés non pour ce qu'ils sont capables de faire, mais pour ce qu'ils sont. C'est alors qu'ils ont confiance en eux.

Le véritable ami est source de bonheur ; dans une vie, nous n'avons que quelques amis, mais c'est un trésor dont manquent beaucoup de jeunes aujourd'hui.

Un autre fléau de taille, mais qui ne date pas d'hier, est la drogue. Il y a cinquante ans, sur le campus de Nanterre, le cannabis circulait. Ce qui est grave aujourd'hui, ce sont ces drogues dures qu'un jeune peut acquérir sans aucune difficulté et qui détruisent progressivement les méninges – sans parler des règlements de comptes et de l'argent dépensé ! Seul l'État peut arrêter ce drame, en condamnant les vendeurs et les acheteurs. Mais que proposons-nous à la place des paradis artificiels ? Un idéal qui rend heureux ? Notre société est fragilisée par un avenir incertain. Alors, travaillons sur cet avenir.

Enfin, la pornographie défigure la beauté de l'amour. Là encore, des paradis artificiels qui détruisent les relations amoureuses et qui incitent à la violence.

Heureusement, bon nombre de jeunes sont protégés ; nous pourrons compter sur eux !

Comment garder la joie en ces moments difficiles ? En retrouvant l'esprit d'enfance et l'espérance !

Cette espérance, il en faut quand on réfléchit à l'avenir de l'Église ! Mais quel regard portons-nous sur cette pauvre et sainte Église ? Un regard sociologique, institutionnel, avec des pourcentages, des sondages, ou un regard surnaturel, car l'Église a les paroles de la vie éternelle ? Et bien sûr nous observons l'Église en France, mais n'oublions pas les forces vives dans des pays jeunes comme l'Afrique ou l'Asie ! Puisque j'appartiens à cette Église, je veux croire qu'elle a encore un rôle à jouer dans notre pays. Même si la pratique s'est effondrée, nous demeurons toujours la Fille aînée de l'Église. Nous ne sommes pas là pour faire du chiffre ! Le petit reste peut faire des merveilles ! Il faut que les évêques sollicitent ce petit reste ; nous demeurons une Église missionnaire, mais pour cela il nous faut plus d'audace et de zèle apostolique ! Refusons le risque de baisser les bras et d'attendre notre disparition ! Notre force est notre jeunesse qu'il faut accueillir telle qu'elle est.

L'Église a besoin de saints, évêques, prêtres et laïcs ; c'est ainsi que nos communautés seront rayonnantes. Un saint est joyeux ; c'est la joie qui attirera.

Les catéchumènes adultes et adolescents nous bousculent ! C'est la grâce de Dieu qui appelle ; alors ne soyons pas des obstacles à l'œuvre de la grâce.

Naturellement je pense aux prêtres dont les ministères sont difficiles. Les évêques, qui sont des pères, sont là pour les encourager et les aimer. Ce sont eux qui appellent, qui ordonnent et qui accompagnent. Les jeunes prêtres ont besoin de cette proximité fraternelle. Certains souhaitent une vie communautaire, d'autres sont plus indépendants… Pas facile pour les évêques ! Le pape François exhorte les prêtres à collaborer avec les laïcs pour retrouver ce dynamisme missionnaire ; alors, ne tardons pas ; il est temps de souffler sur les braises pour que le feu de l'amour reprenne.

Comptons sur l'Esprit-Saint ! Benoît XVI s'étonnait que l'Église tienne encore malgré tous les efforts de certains pour la détruire ! J'aime l'Église en France, même si elle semble affaiblie. Elle a les puissances surnaturelles qui nous étonneront toujours. Je crois en la piété populaire ; attention à ne pas trop intellectualiser nos discours. Les fidèles veulent découvrir la tendresse de Dieu, sa proximité, son amour. Si le christianisme s'est si vite répandu dans le bassin méditerranéen aux premiers siècles, c'est parce qu'il annonçait un Dieu qui n'était pas au septième ciel, mais qui avait le souci des hommes. Le pape François a raison de nous mettre à l'école de Dieu. Il y a quelques années, j'ai relancé, dans le cadre de la pastorale du tourisme, un pardon breton avec bénédiction des bateaux. Tous les pêcheurs, croyants ou non, demandaient une bénédiction. Paganisme ? Pas si sûr ! Il faut partir de là où ils en sont pour les conduire à la source. Les pèlerinages sont des moments privilégiés pour raviver notre foi.

Les fidèles n'usent plus les bancs de nos églises, mais ils ne sont pas très loin… Sur le seuil, ils attendent un signe !

À Notre-Dame, comme à la Madeleine, je vois tous ces visiteurs dont certains sont éloignés, et, cependant, assis sur une chaise, ils se laissent habiter... Il faut être là pour les accueillir et répondre à leurs questions : qu'as-tu vu Marie-Madeleine ?

Je sais que notre pape François est contesté par certains qui le trouvent trop progressiste ; il est vrai que parfois nous avons du mal à comprendre ses décisions, mais c'est le pape et il est assisté par l'Esprit-Saint. Le synode sur la synodalité doit donner de nouvelles orientations ; dommage que les curés de paroisses qui sont sur le terrain ne soient pas invités. Mais ce synode ne remettra pas en cause l'unité de la foi. Nous avons à entendre les appels du monde et à donner une réponse qui conduit au bonheur. Attention cependant aux mensonges de ce monde ; point de complicité avec une foi qui aurait perdu de sa saveur. Le disciple sera toujours un signe de contradiction, en présentant à notre monde l'exigence de l'Évangile dans toute sa grandeur ; cette attitude de foi est exigeante, mais elle n'est ni rigide ni tendue, bien au contraire. La foi engendre la force et la joie.

Enfin, je suis persuadé, parce que je l'ai vérifié dans ma vie, que Dieu a de l'humour, et cet humour m'habite et j'essaie de le transmettre.

Quand vous écoutez les informations, soit vous préparez un cachet pour vous désangoisser, soit vous avez cette dose d'humour qui vous permet de prendre du recul. Cela ne supprime pas les drames, mais cela nous permet de chercher des petits signes d'espérance.

À mon âge, on commence soit à s'aigrir, à se replier sur soi-même, soit à devenir philosophe et à chercher un sens à ce qui paraît ne pas en avoir.

Un saint triste est un triste saint... Je ne suis pas encore saint, mais je suis joyeux, et la joie se communique !

Je crois vous l'avoir déjà dit, j'ai un côté cocorico ; j'aime ce beau pays de France. Toutefois, je pense à ce mot de Bernanos : « Il arrive que je voie ce que les autres voient comme moi, mais ne veulent pas voir[2]. » Au moment où j'écris ce livre, je vois bien que notre société va mal. Toutes ces violences montrent le malaise d'un monde qui ne rend plus heureux. La Covid a encore des conséquences sur le psychisme des jeunes ou moins jeunes. Que de dépressions, que de suicides, et j'en passe ! La guerre est à notre porte, les menaces nucléaires sont brandies ; la crise économique et les dettes sont au rendez-vous ; les prisons sont remplies ; le dérèglement climatique nous bouscule ; nous avons du mal à gérer les flux migratoires... Je peux continuer la litanie.

Comme chacun d'entre vous, je vois les symptômes d'un pays malade. Je ne suis ni un économiste ni un politique, et donc je ne donnerai pas de pistes pour résoudre les problèmes. Mais je comprends que ce « chapelet » puisse nous fragiliser, et nous attendons tous des réponses.

Les Français ont un sang révolutionnaire ; nous aimons râler, défiler, nous mettre en grève... Nous attendons tout de la République, mais la vache n'a plus de lait ! Les Français sont difficiles à gouverner. Mais la France est toujours aussi belle, avec des régions si variées, sans parler de l'art de la table et de la mode. Merci à ceux qui nous font découvrir notre histoire, nos trésors. Ayant voyagé de par le monde, je demeure chauvin et j'aime la France. Surtout, n'abîmons pas ces paysages qui font rêver et qui portent à la méditation. Sauvons notre patrimoine et cessons de supprimer calvaires et statues au nom de la laïcité à la française. Ce sont nos racines et il faut partir de notre histoire.

Nous avons besoin de notre culture ; c'est elle qui façonne notre pays. Ne pas la transmettre, c'est ne rien comprendre à la France. Nous oublions vite les drames comme d'ailleurs les heures heureuses de notre histoire ; même si elle ne se répète pas, elle nous éclaire sur notre présent.

L'Hymne à la joie

Terminons par la joie qui est un fait de l'Esprit-Saint. C'est cette joie intérieure qui nous fait tenir et avancer. Au moment où j'achève cet ouvrage, notre monde est bien tendu. Nombre de contemporains doutent de l'avenir et se lamentent sur le présent, regrettant le passé... Nous connaissons cela, mais cette attitude paralyse ! On fait alors du surplace ou, pis, on régresse.

Cette joie est au plus profond du cœur ; nul ne peut nous l'enlever ; même au cœur des épreuves, la joie est dans un repli de l'âme. Je le dis souvent : il nous faut franchir les trois monts de l'Évangile : les Béatitudes, le Thabor et le Golgotha. La souffrance, nous la connaissons tous, cependant un rayon de soleil éclaire nos visages. Dieu est là, même s'il parle peu !

Cette joie est celle de la foi, vivre de Dieu, partager cette joie divine qui transfigure.

Cette joie est celle de l'espérance ; nous ne sommes que des pèlerins sur cette Terre et nous attendons de rejoindre le cœur de Dieu qui n'est que joie.

Cette joie enfin est celle de l'amour, car il y a toujours plus de joie à donner qu'à recevoir.

Cette joie est liée au don des larmes… Il ne s'agit pas seulement de pleurer de joie – cela m'arrive. Mais il s'agit plutôt de la compassion où l'on se sent souvent désarmé ; nous n'avons pas les mots, et parfois c'est préférable, car nous risquons d'être maladroits. Mais ce silence, avec les yeux mouillés, dit notre présence.

Sans doute fais-je parfois preuve d'une certaine hypersensibilité, mais c'est une grâce pour un prêtre. On ne peut pas se durcir face à la souffrance ; point n'est besoin de faire un long discours pieux, le regard suffit et console.

La joie se partage, et c'est ainsi qu'elle grandit. Vous avez bien compris, la joie permet cette proximité, car elle dilate les cœurs et nous appelle à témoigner que, là où la haine abonde, l'amour surabonde.

N'ayez crainte, l'auteur de ce livre peut connaître la tristesse, qui vient souvent de l'Église que j'aime, mais je sais en même temps que Dieu ne peut pas nous abandonner.

Comme il est bon d'avoir des amis proches qui nous soutiennent en ces moments de spleen.

À vrai dire, mon tempérament et ma mémoire me font oublier les causes de la tristesse, et alors je retrouve ce rayon de soleil qui me fait dire, comme le curé d'Ambricourt : « Qu'importe, tout est grâce. »

Cette conclusion s'achève avec ce mot qui termine finalement ces quelques pages que je souhaitais partager avec vous, pour que l'espérance retrouve sa place dans vos vies afin que tous, vous deveniez des sentinelles qui regardent vers l'avenir enchanteur !

Notes

Avant-propos

1. Héraclite (VIe-Ve siècle) cité par Platon (*Cratyle*) et Aristote (*Métaphysique*).

Ces maîtres qui m'ont formé

1. 1 Samuel 17, 1-58.
2. Catéchisme de l'Église catholique, n° 2067.
3. Marguerite Léna, *Le Passage du témoin*, Paroles et silence, 2000.
4. Matthieu 7, 24.

Mystère d'une vocation

1. Jérémie 1, 5.
2. Jean 6, 54.

Les trésors spirituels de Paris

1. Matthieu 9, 38.

Le nouveau visage de l'Église

1. Psaume 41, 3.
2. J. Ratzinger, *L'Esprit de la liturgie*, Ad Solem, 2016.

La morale, une révolution !

1. Paul VI, Encyclique *Humanae vitae*, 25 juillet 1968.
2. Pape François, audience sur le for interne, 19 mars 2015.
3. Pape François, audience, 13 avril 2016.
4. Pape François, homélie de la messe, retraite sacerdotale, juin 2015.

Notre-Dame, la toute belle

1. Patrick Chauvet, *Bernanos sans concessions*, Fayard, mai 2024.

Rencontre avec des saints

1. Pasquale Macchi, *Paul VI à travers son enseignement*, F.-X. de Guibert, 2005.
2. Luc 18, 8.
3. 9e Congrès international de la famille, Fayard, 1987.
4. Mt 25, 23.

Les saints qui m'ont accompagné

1. Georges Bernanos, *Journal d'un curé de campagne*.
2. Cardinal Petit de Julleville (1876-1947), évêque de Dijon puis archevêque de Rouen.
3. Bernard Nodet, *Saint Jean-Marie Vianney, curé d'Ars, sa pensée, son cœur*.
4. *Id*.

5. *Id.*
6. Thérèse : MsC, 25.
7. Thérèse : Lettre à l'abbé Bellière LT 247.
8. Thérèse, Acte de consécration.
9. Thérèse MSB.
10. Thérèse MSB.
11. Élisabeth de la Trinité, 11 janvier 1903.
12. Élisabeth de la Trinité, 21 novembre 1904.

Quel avenir ?

1. Antoine de Saint-Exupéry, *Le Petit Prince*.
2. Georges Bernanos, *La Liberté, pour quoi faire ?*, Gallimard, « Bibliothèque de la Pléiade ».

Du même auteur :

« Parole de Dieu », in *Cahiers de l'École cathédrale de Paris*, éditions Mame, 1995.

Pionniers de la foi : les Pères de l'Église, éditions Mame, 1995.

J'ai vu l'eau vive : chemin spirituel, éditions Parole et silence, 1997.

De sa plénitude nous avons tous reçu, éditions Parole et silence, 1998.

Puisque l'esprit est notre vie, éditions Parole et silence, 1998.

« Apprendre à prier par la prière », in *Cahiers de l'École cathédrale de Paris*, éditions Mame, 1995.

L'esprit vous enseignera tout : homélies année B, éditions Parole et silence, 1999.

Père infiniment bon, éditions Parole et silence, 1999.

À qui irions-nous ? Homélies année C, éditions Parole et silence, 2001.

Oser l'aventure intérieure, éditions Parole et silence, 2001.

Éduquer des êtres libres, éditions Parole et silence, 2001.

Au cœur de l'Église : homélies année A, éditions Parole et silence, 2001.

Les Béatitudes à l'école des saints, éditions Parole et silence, 2002.

Notre Père : commentaire spirituel, éditions Parole et silence, 2004.

« Prier Dieu notre Père », in *La Vie spirituelle*, n° 759, juillet 2005, éditions du Cerf.

Il est là ! L'adoration eucharistique, éditions Parole et silence, 2008.

Viens, suis-moi. À la source du sacerdoce ministériel : comment l'appel de Dieu peut-il faire irruption dans la vie d'un jeune chrétien, éditions Parole et silence, 2009.

Aimer en son cœur : éducation du cœur et de la conscience, éditions Parole et silence, 2010.

La Vérité de mon Église, éditions Salvator, 2011.

Le Père Le Guillou, un maître, éveilleur de la liberté (en collaboration), éditions Parole et silence, 2015.

Préface à *Théologie du mystère. La pensée théologique du père Marie-Joseph Le Guillou*, de Gabriel Richi Alberti, éditions Parole et silence, 2012.

Chemins de contemplation : ombres et lumières, éditions Parole et silence, 2012.

Le Bon Sens en éducation, éditions Parole et silence, 2014.

À la suite du Christ, éditions Artège, 2014.

Joie du pécheur pardonné, éditions Parole et silence, 2015.

Lettre à un jeune qui pense au sacerdoce, éditions Parole et silence, 2017.

Notre-Dame d'espérance, Presses de la Renaissance, 2019.

Georges Bernanos, un prophète pour notre temps, Presses de la Renaissance, 2020.

Silence de Dieu, silence des hommes, Artège, 2021.

Au cœur de Notre-Dame, journal d'une renaissance, Plon, 2022.

Bernanos sans concessions, Fayard, 2024.

Composition réalisée par Belle Page

Cet ouvrage a été imprimé en France par
CPI Bussière
Z.I. rue Pelletier Doisy
18200 Saint-Amand-Montrond (France)

pour le compte des Éditions Fayard
13 rue du Montparnasse, 75006 Paris
info-fayard@editions-fayard.fr
en mars 2025

PAPIER CERTIFIÉ

fayard s'engage pour l'environnement en réduisant l'empreinte carbone de ses livres. Celle de cet exemplaire est de :
0,550 kg éq. CO_2
Rendez-vous sur www.fayard-durable.fr

N° d'édition : 59-2473-2/01 - N° d'impression : 2083836